閻魔王坐像《えんまおうざぞう》

人間の生前の行為の善悪を判定する死後の裁判官。日本ではすでに奈良時代から信仰があった。（白毫寺蔵／重要文化財）

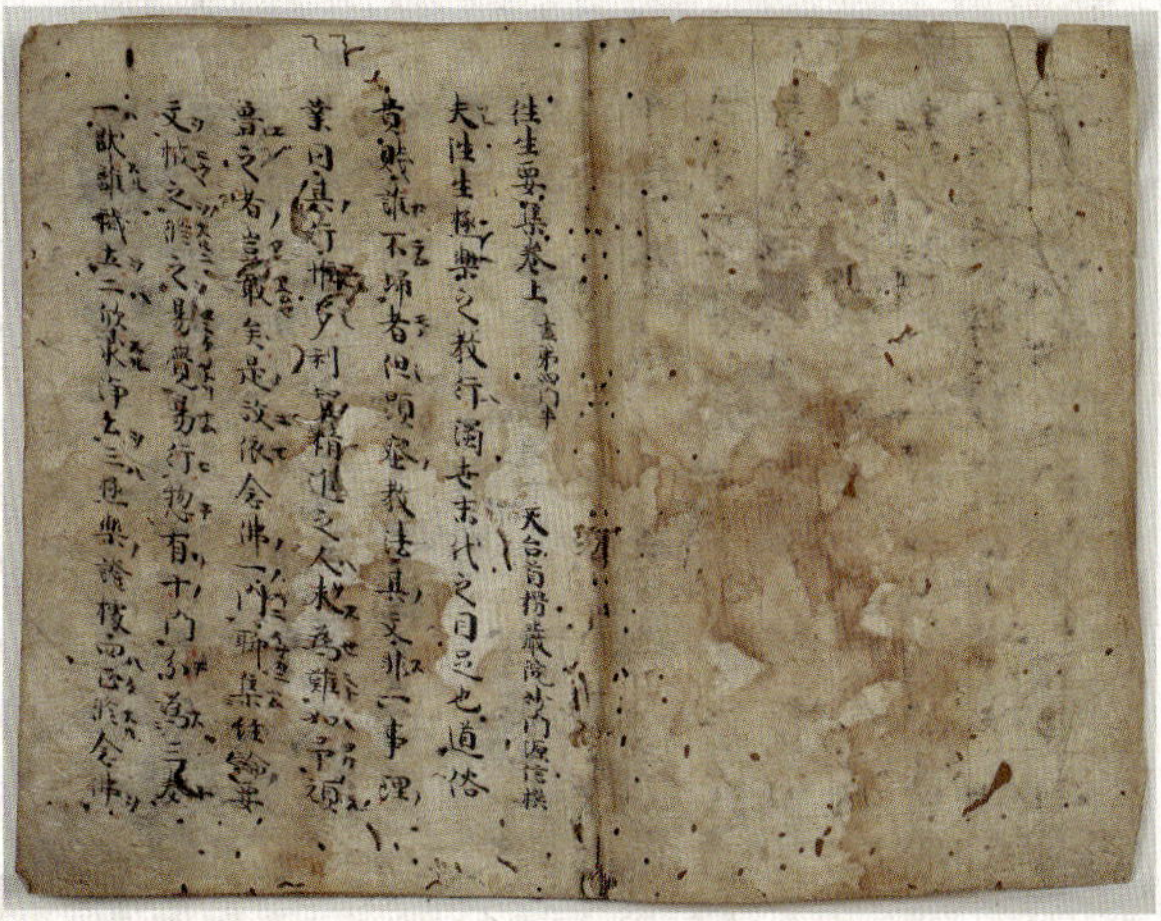

往生要集巻上　天台首楞厳院沙門源信撰
夫往生極楽之教行濁世末代之目足也道俗
貴賤誰不帰者但顕密教法其文非一事理
業因其行惟多利智精進之人未為難如予頑
魯之者豈敢矣是故依念仏一門聊集経論要
文披之修之易覚易行惣有十門分為三巻
一厭離穢土二欣求浄土三極楽証拠四正修念仏

『往生要集《おうじょうようしゅう》』

天台宗の僧源信の著『往生要集』に描かれた地獄の様相が日本における地獄の概念を決定づけた。（最明寺蔵／京都国立博物館提供／重要文化財）

焦熱《しょうねつ》地獄《じごく》（狩野山楽筆《かのうさんらくひつ》）

この地獄では想像を絶する激しい炎による責め苦が待ち受けており、耐え難いような熱さが強調されてこの名がつけられた。（長岳寺蔵）

『十王図《じゅうおうず》』閻魔王幅《えんまおうふく》（部分《ぶぶん》）土佐光信筆《とさみつのぶひつ》

閻魔王が用いる浄玻璃鏡には、亡者の生前の善業悪業がすべて映し出される。（浄福寺蔵／京都国立博物館提供／重要文化財）

『六道絵《ろくどうえ》』阿鼻地獄《あびじごく》

八大地獄の最下層、阿鼻地獄では、亡者は絶え間のない拷問に苦しめられる。（聖衆来迎寺蔵／奈良国立博物館提供／国宝）

『阿弥陀《あみだ》二十五《にじゅうご》菩薩《ぼさつ》来迎図《らいごうず》』(早来迎《はやらいごう》)

臨終の際に阿弥陀如来の来迎の様子を表わした来迎図は、浄土信仰が盛んになった平安時代中期以降、盛んに描かれた。(知恩院蔵／国宝)

中尊寺《ちゅうそんじ》金色堂《こんじきどう》

天治元年(1124)、奥州藤原氏初代清衡が平泉に建立。内外ともに総金箔張りで、きらびやかな極楽の世界が黄金で表現された。(中尊寺提供)

図説

生き方を洗いなおす！

地獄と極楽

速水　侑
［監修］

青春新書
INTELLIGENCE

はじめに

「地獄《じごく》と極楽《ごくらく》」という言葉を聞くと、何を思い浮かべるでしょうか。

「嘘をつき悪いことをすると地獄に堕《お》ちて閻魔様《えんまさま》に舌を抜かれる」「この世で良いことをすると、死んでも極楽に行ける」と子供の頃に教えられたものですが、今では「死後の地獄と極楽など過去の迷信《めいしん》だよ」と笑って済ませている人も多いことと思われます。

しかし地獄と極楽とは、どんな世界か、それが日本人の信仰の歴史の中でどのように形成深化してきたのか、理解している人は少ないでしょう。

この本では、地獄と極楽を中心に日本人の死後の世界観を、イラストやコラムも交えて具体的に分かりやすく説明し、仏教以外の諸宗教の死後の世界観の特色にも触れており、地獄と極楽の全体像を理解する上での恰好《かっこう》な入門書といえます。

ところで地獄と極楽は、単に過去の迷信と笑って済ませられるものでしょうか。

大原《おおはら》の尼庵《にあん》に籠《こも》る建礼門院徳子《けんれいもんいんとくこ》は、訪れた後白河法皇《ごしらかわほうおう》を前に、「自分はこの世で六道《ろくどう》を体験した」と語ります。平清盛《たいらのきよもり》の娘として安徳天皇《あんとくてんのう》の母になり、栄耀栄華《えいようえいが》の天道《てんどう》の日々。都落ちし一門離散《いちもんりさん》で初めて知る人道《にんどう》の悲しみ。飲食に事欠く船上の餓鬼道《がきどう》の苦しみ。絶え間なく合戦が続き、源氏《げんじ》の襲来に怯《おび》える阿修羅道《あしゅらどう》の毎日。壇ノ浦《だんのうら》で母二位尼《にいのあま》は安徳帝《あんとくてい》を抱いて入水《じゅすい》、地獄の底の罪人もかくやと思われる人々の悲鳴。夢で母と愛児が畜生道《ちくしょうどう》の竜宮《りゅうぐう》に堕《お》ちたことを知り、出家《しゅっけ》して平家《へいけ》一門の菩提《ぼだい》を弔《とむら》い極楽を願っていると語る徳子に、法皇は「女院《にょいん》が六道を目の当たりにご覧になったとは」と涙に咽《むせ》びます。地獄道など六道の受苦《じゅく》は死後の出来事ではなく、人間世界そのもの、現実の象徴と理解されているのです。

一切皆成仏《いっさいかいじょうぶつ》の立場をとる天台教学《てんだいきょうがく》では「十界互具《じっかいごぐ》」を説きます。六道を始め十界のどれ一つを取り上げてみても、互いに他の九界を自己の内に具《そな》えているというのです。人間界の我々は仏と成り得るし、地獄を現出することもあります。地獄絵を机上に置いた徳子が、人は自らの足元に地獄の存在を認め、自らの内に地獄に連なる罪業《ざいごう》を自覚するでしょう。そうした自覚を通路として、この世の真実の世界、修道《しゅうどう》と利他《りた》の世界である極楽浄土《じょうど》に到達できるかもしれません。

地獄と極楽は過去の因果応報《いんがおうほう》の物語ではありません。自らの実存の姿として受け止める人にとっては、常に新しく、そして重い問い掛けなのです。

速水 侑

第一章

地獄の世界 27

カバー写真提供／白毫寺
本文写真提供／白毫寺、最明寺、長岳寺、知恩院、中尊寺、浄福寺、聖衆来迎寺、京都国立博物館、奈良国立博物館、兵庫県立歴史博物館
図版・DTP／ハッシィ

序章——地獄と極楽

『往生要集』の成立

僧源信によって生まれた因果応報の世界観

華やかで荘厳《そうごん》な極楽《ごくらく》の世界。鬼に責められ、苦しみにさいなまれる恐ろしい地獄《じごく》の世界。このような観念が形成、普及するに至ったのは、平安時代の僧源信《げんしん》が著わした『往生要集《おうじょうようしゅう》』の影響に拠るところが大きい。

●比叡山の世俗化

源信は天台《てんだい》宗の僧で、比叡山《ひえいざん》で修行に励む日々を送っていた。しかし、源信の生きた時代には、出自《しゅつじ》や身分に関係なく誰でも仏道《ぶつどう》に邁進《まいしん》することができる厳しい修行、研鑽《けんさん》の場であったはずの比叡山の世俗化、門閥化《もんばつか》が進み、風紀も修行も形骸化《けいがいか》するありさまだった。

やがて摂関家《せっかんけ》をはじめ貴族たちが膨大な荘園《しょうえん》を寄進《きしん》し、その代償としてその家の子弟らが比叡山における地位を得るなど、比叡山の運営に世俗の権力が大きく関わるようになっていく。源信の師で、当時天台座主《ざす》だった良源《りょうげん》は大火で荒廃した比叡山の堂塔《どうとう》を復興させたことで知られるが、それも外護者《げごしゃ》である藤原師輔《ふじわらのもろすけ》ら摂関家の援助があってこそだ

『往生要集』の内容

源信
（942－1017年）

985年に完成。

（序文より）
それ往生極楽の教行は、濁世末代の目足なり。道俗貴賤、誰か帰せざる者あらん。

内容（全3巻・10章構成）

上巻

第1章
厭離穢土
（この穢れた世界を厭い離れること）

第2章
欣求浄土
（浄土を願い求めること）

第3章
極楽の証拠
（極楽を勧める証拠）

第4章
正修念仏
（正しく念仏を行なうこと）

中巻

第5章
助念の方法
（念仏の助けとなる方法）

第6章
別時の念仏
（臨終など特別のときの念仏）

下巻

第7章
念仏の利益
（念仏による利益）

第8章
念仏の証拠
（念仏を勧める証拠）

第9章
往生の諸行
（極楽往生するための修行）

第10章
問答料簡
（問答による解釈）

った。そして良源が亡くなると、師輔の子である尋禅《じんぜん》が摂関家の権力を背景として天台座主の座に収まったのである。

●極楽浄土を体系立てた著書

このようにして比叡山が世俗化していく中、源信はその風潮に抵抗し、比叡山の奥地の横川《よかわ》に隠棲《いんせい》し、己《おのれ》の信ずる浄土教《じょうどきょう》の修行に専心する。

そして約百六十もの仏教の経巻《きょうかん》から極楽往生に関する要点を抽出、論証した、上中下の三巻からなる『往生要集』の執筆を永観《えいかん》二年（九八四）十一月に開始し、翌年四月に完成させた。

『往生要集』の目的は序文に明らかにされているが、その前提として当時の世が濁りきった末法《まっぽう》の世であることが挙げられている。釈迦入滅《しゃかにゅうめつ》後、千五百年あるいは二千年経つと仏法が正しく行なわれなくなり、社会が廃《すた》れると考えられていた。これを末法思想と呼ぶ。

源信は、この穢《けが》れに満ちた世の中にあって、極楽に往生する方法は念仏《ねんぶつ》のみという信念のもと、在家《ざいけ》や出家《しゅっけ》、身分の貴賤《きせん》を問わず誰もが等しく極楽浄土へ往生するための教えや修行についてわかりやすくまとめたのである。

浄土と穢土

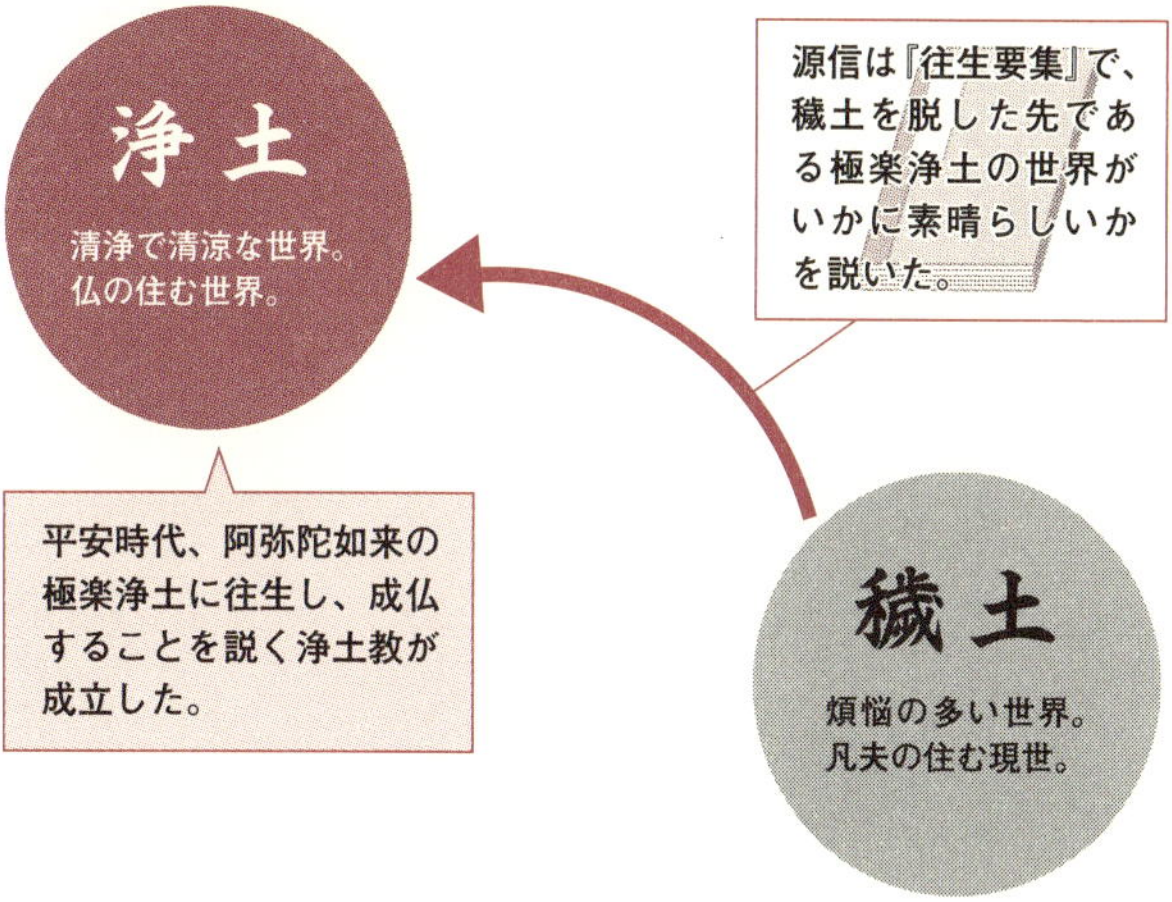
浄土
清浄で清涼な世界。

仏の住む世界。

源信は『往生要集』で、穢土を脱した先である極楽浄土の世界がいかに素晴らしいかを説いた。

平安時代、阿弥陀如来の極楽浄土に往生し、成仏することを説く浄土教が成立した。

穢土
煩悩の多い世界。

凡夫の住む現世。


『往生要集』は全十章からなり、その内容は「厭離穢土《おんりえど》」、「欣求浄土《ごんぐじょうど》」、「極楽《ごくらく》の証拠《しょうこ》」、「正修念仏《しょうじゅねんぶつ》」、「助念《じょねん》の方法《ほうほう》」、「別時《べつじ》の念仏《ねんぶつ》」、「念仏《ねんぶつ》の利益《りやく》」、「念仏《ねんぶつ》の証拠《しょうこ》」、「往生《おうじょう》の諸《しょ》行《ぎょう》」、「問答料簡《もんどうりょうけん》」となっている。

まずはじめに、等活《とうかつ》地獄、黒縄《こくじょう》地獄、衆《しゅ》合《ごう》地獄、叫喚《きょうかん》地獄、大叫喚《だいきょうかん》地獄、焦熱《しょうねつ》地獄、大焦熱《だいしょうねつ》地獄、阿鼻《あび》（無間《むけん》）地獄という八つの地獄の恐ろしさを説く。そして穢れた世界、すなわち穢土を脱した先の極楽浄土の世界がいかに理想郷であるのかを示す。さらには極楽往生するにはどのようにしたらよいのかを説き、正しい念仏の行ない方、念仏によって得られる利益を具体的に示した。

『往生要集』は一般の人にわかりやすく書か

れているだけでなく、多くの経典に基づき念仏の意義を理論的かつ体系的にまとめた書物であることから、完成直後より浄土教家や念仏者などに読まれ、やがて宗派を超えて僧侶の間で書写、愛読されるなど広く流布《るふ》するようになった。また源信が中国の天台山《てんだいさん》に『往生要集』を送ったところ、たちまちのうちに道俗男女《どうぞくなんにょ》五百人余りが帰依《きえ》したと伝えられる。

●日本の地獄や浄土のイメージにも影響

『往生要集』は、往生のための具体的な念仏の方法の部分が主となっているが、第一章の厭離穢土に記されている地獄の説明は、仏教の因果応報観《いんがおうほう》、すなわち善い行ない、悪い行ないはすべて自分自身に還るということを庶民にもわかりやすく伝える役割を果たした。

また日本の地獄の概念には、この『往生要集』で描かれる地獄の様子が少なからず影響しており、日本における地獄の世界観の確立にも大きく寄与しているといえる。後世の『餓《が》鬼草紙《きぞうし》』、『地獄草紙《じごくぞうし》』、『六道絵《ろくどうえ》』など、地獄を主題にした絵巻などの視覚的な描写もしかりである。第二章の欣求浄土の描写もまた、極楽浄土の具体的な姿として、絵画や彫刻、建築物などにおいて極楽を表現するために用いられており、『往生要集』の冒頭の二つの章は、浄土教美術の成立にも繋がっていく。

浄土信仰関連年表(平安時代)

年	事　　項
838	円仁、遣唐使船で唐に渡る(847年帰国)。
848	円仁、比叡山に常行三昧堂を建てる。
864	円仁死去(享年71)。遺命により、翌年から常行三昧堂で不断念仏を行なう。
942	源信、大和国当麻に生まれる。
951	空也、十一面観音像ほか諸像を造立し、六波羅蜜寺に安置。
963	空也、鴨川の河原で『大般若経』を供養。
966	良源、天台座主に就任。比叡山の復興に努める。
972	空也死去(享年70)。
985	源信、『往生要集』を著わす。この頃(985－987年)、慶滋保胤の『日本往生極楽記』が成立。
986	源信により、比叡山の横川首楞厳院で念仏集団(二十五三昧会)が結成される。
1004	源信、藤原道長の帰依により権少僧都となる(翌年に辞退)。
1007	藤原道長、金峯山に参詣し埋経を行なう。
1017	源信死去(享年76)。
1020	藤原道長、法成寺阿弥陀堂を建立(1058年に全焼)。
1052	藤原頼通、平等院を創建(翌年に鳳凰堂を建立)。この年から末法の世に入ったとされ、人々に恐れられる。
1124	藤原清衡、中尊寺金色堂を建立。
1148	三千院の阿弥陀三尊像が完成。
1164	平家一族が厳島神社に経典類を奉納(平家納経)。

序章
地獄と極楽

地獄とは何か

迷える衆生が輪廻転生を繰り返す六道の一つ

仏教の教義の初期より存在する世界

古来、日本人の死生観には現世《げんせ》と死後の世界の区別はなく、「この世」は「あの世」の延長線上にあるものとされていた。

死後に極楽や地獄といった別世界があるという思想は、仏教伝来によりもたらされたものであり、日本人が思い描く地獄の世界は、仏教において説かれる観念のものであるといえる。

地獄とは、サンスクリット語で「地下の牢獄《ろうごく》」を意味するナラカ、またはニラヤという言葉が原語となっており、ナラカは奈落《ならく》と音写された。

仏教の教義では、罪を犯した者は地獄に堕《お》ちるとされており、その地獄は六道の一つとされる。

六道とは、地獄道《じごくどう》、餓鬼道《がきどう》、畜生道《ちくしょうどう》、阿修羅道《あしゅらどう》、人道《にんどう》、天道《てんどう》のことで、迷える衆生《しゅじょう》は

三界と六道

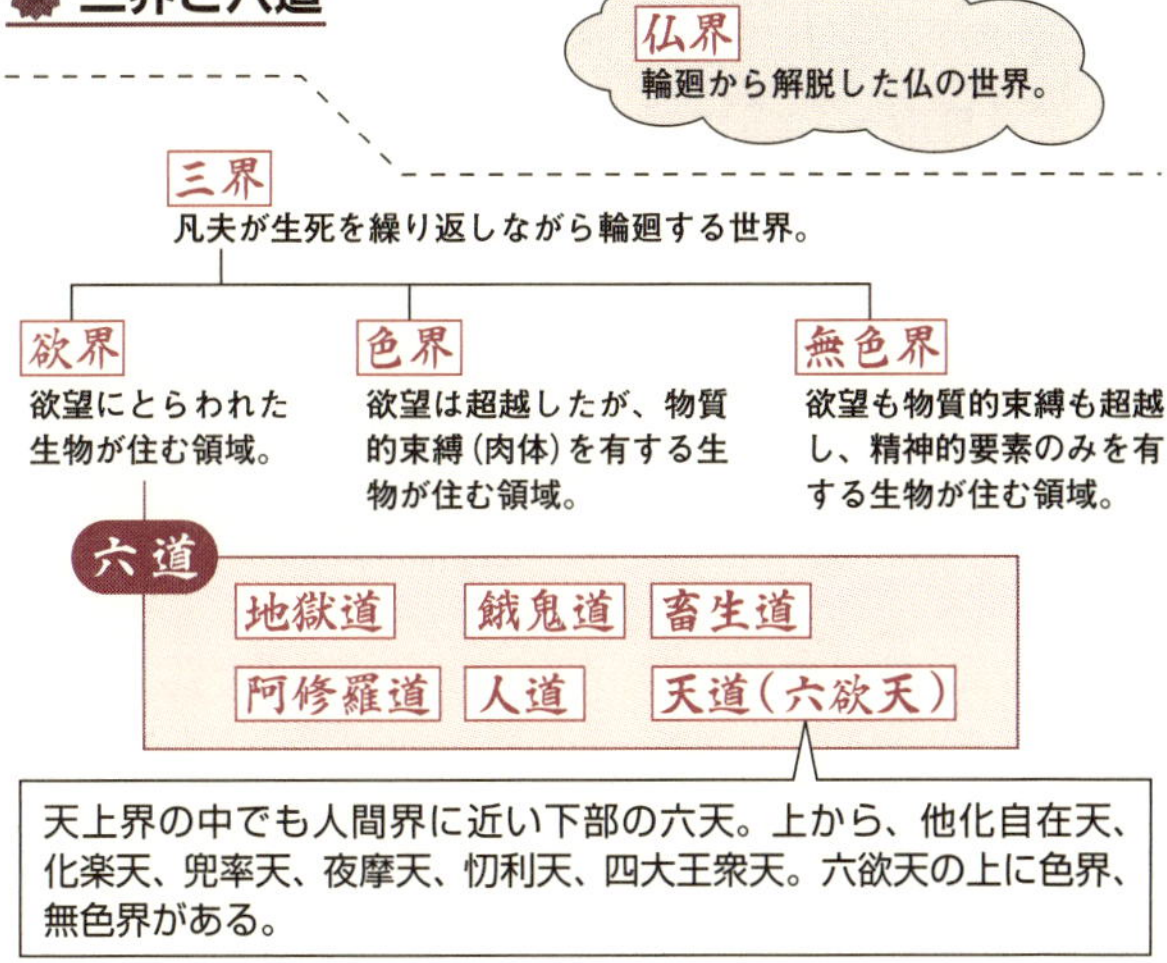
仏界
輪廻から解脱した仏の世界。
三界
凡夫が生死を繰り返しながら輪廻する世界。
欲界
欲望にとらわれた生物が住む領域。
色界
欲望は超越したが、物質的束縛（肉体）を有する生物が住む領域。
無色界
欲望も物質的束縛も超越し、精神的要素のみを有する生物が住む領域。
六道
地獄道
餓鬼道
畜生道
阿修羅道
人道
天道（六欲天）
天上界の中でも人間界に近い下部の六天。上から、他化自在天、化楽天、兜率天、夜摩天、忉利天、四大王衆天。六欲天の上に色界、無色界がある。

この六道において輪廻転生《りんねてんしょう》を繰り返す。これを六道輪廻という。

地獄の種類・場所

地獄の観念や種類、場所など具体的な内容については経典によって異なる部分があり、世界観が統一されているわけではない。

その中で地獄は二種類に大別できるとされ、一つは熱《ねつ》地獄、もう一つは寒《かん》地獄と呼ばれる。

それぞれの地獄には八つの地獄があることから、八大熱地獄、八大寒地獄と呼ばれる。さらにそれらの八つの地獄には出入り口が四つずつあり、その出入口の外には四つずつの小地獄がある。すなわち一つの地獄には十六の小地獄があるという。そのため熱地獄と寒地獄には、それぞれ百三十六種類の地獄があることになる。

この八大地獄の種類は、五世紀に成立した上座部《じょうざぶ》仏教の経典『倶舎論《くしゃろん》』によるもので、これが大乗《だいじょう》仏教の地獄観に取り入れられた。

そしてその概念をもとに、さまざまな地獄の世界が種々の経典で説かれていったが、その中で源信が参考にしたのが、五世紀頃にまとめられたといわれる『正法念処経《しょうぼうねんしょきょう》』である。『往生要集』ではその第一章において、『正法念処経』に準じた地獄道を説いている。

源信がなぜそれを選んだのかという理由については、この経典はほかの経典とは異なり、生前にどのような罪を犯した者がどの地獄に堕ちるのかを必ず明記しており、そこに注目したのだと考えられている。

日本の地獄の観念に大きな影響を与えた『往生要集』以前にも、地獄の名や、そこで受ける責め苦の内容についてはある程度知られるところであったが、かなり漠然としたものだった。

それに対して源信は、地獄の種類や位置、広さ、地獄に堕ちる罪などを体系立てたため、読者に大きな影響を与えたのだと思われる。

地獄の成り立ち

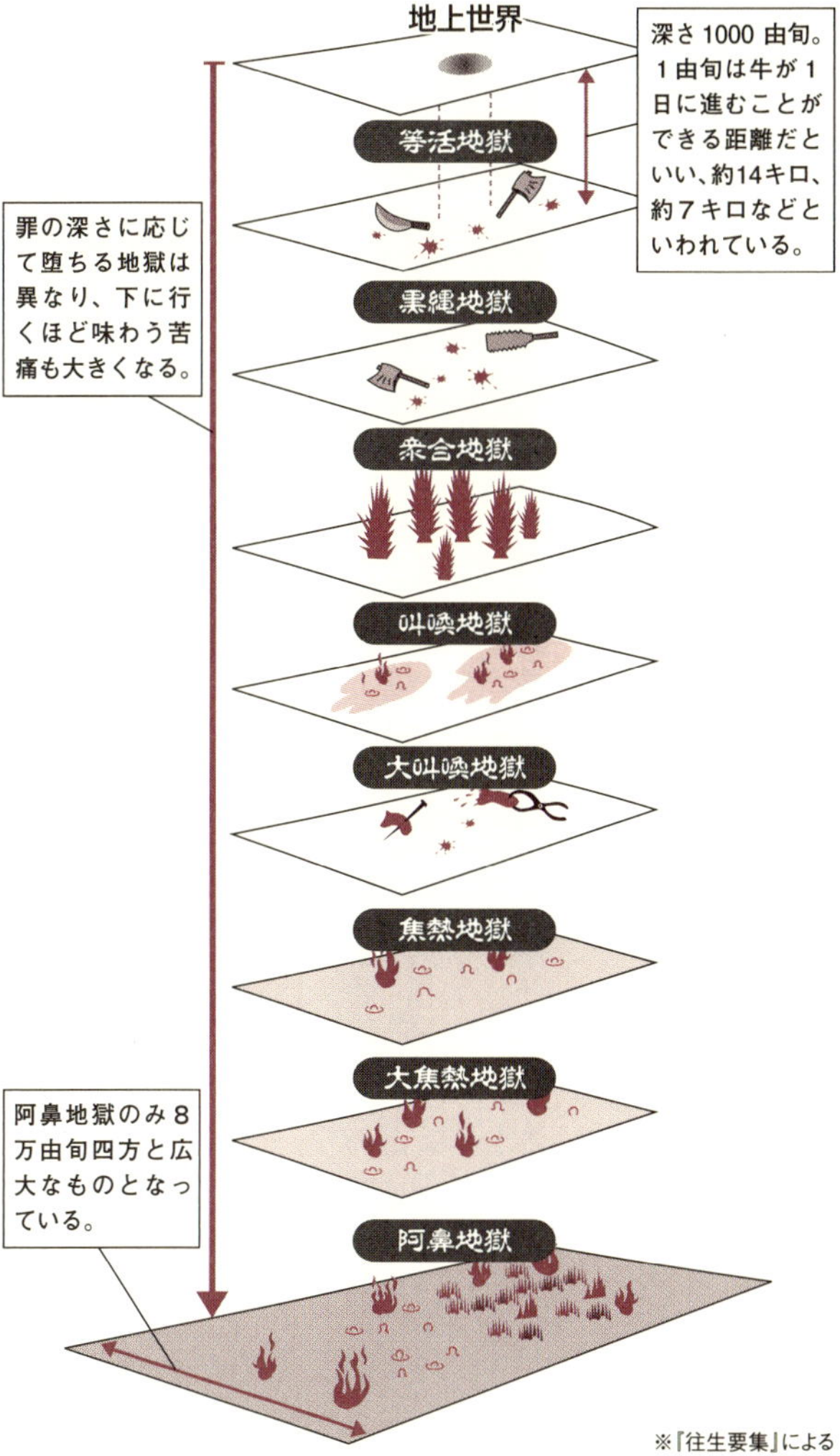

※『往生要集』による

序章
地獄と極楽

極楽とは何か

阿弥陀如来が住まう「苦」がなく「楽」に満ちた世界

●理想の国・浄土

地獄と対比的に描かれるのが、極楽の世界である。

人々が理想の国として往生を願う極楽は、日本では浄土と呼ばれるのが一般的である。日本人にとって楽園とは罪や穢れのない清浄《せいじょう》なものという概念があり、それが浄土という言葉に反映されたのだろう。

修行に励む菩薩《ぼさつ》が願《がん》を立て、自らが理想とする仏国土を建立し、衆生を教え導く。その仏国土が浄土であると、大乗仏教では考えられている。

一口に浄土といってもその種類はさまざまで、阿閦如来《あしゅくにょらい》の東方妙喜《みょうき》世界、薬師《やくし》如来の東方瑠璃光《るりこう》世界、弥勒《みろく》菩薩の北方兜率天《とそつてん》浄土、観音《かんのん》菩薩の補陀落《ほだらく》浄土などが知られるところであるが、その中で日本において最も一般的なのが、阿弥陀《あみだ》如来の開いた西方極楽浄土である。

極楽浄土とは何か

阿弥陀信仰が日本にもっとも広まったため、一般的には「浄土＝極楽浄土」と同一視されている。
北方・兜率天浄土
弥勒菩薩
西方・極楽浄土
阿弥陀如来
現世・霊鷲山浄土
釈迦如来
東方・瑠璃光浄土
薬師如来
南方・補陀洛浄土
観音菩薩
大乗仏教では、それぞれの仏が仏国土（浄土）を開いているとされる。

信仰を集めた阿弥陀如来の極楽浄土

阿弥陀如来の極楽浄土を説く経典のうち、大月氏《だいげっし》の僧が一七九年に漢訳した『般舟三昧《はんじゅざんまい》経《きょう》』が最古のものと考えられている。つまり中国では、二世紀末にはすでに阿弥陀如来の極楽浄土が知られていたということになる。

この阿弥陀如来と極楽浄土の信仰は、日本には六世紀に仏教とともにもたらされた。そのことは造像例を見ても明らかで、法隆寺《ほうりゅうじ》には光明皇后《こうみょうこうごう》の母である橘夫人《たちばなふじん》所縁《しょえん》と伝えられる阿弥陀如来像（橘夫人念持仏《ねんじぶつ》）が現存する。

そして、阿弥陀如来信仰がさらに隆盛を見たのが、藤原《ふじわら》氏が権勢を誇った平安時代である。

当時の世は、仏の教えの及ばない末法の時代にあたり、阿弥陀如来の救いによって極楽浄土へ往生することが人々の願いとなった。

そのため、阿弥陀如来像を造立《ぞうりゅう》したり、阿弥陀如来の来迎《らいごう》や極楽浄土の様子を描いた仏画を作るなど、善や徳を積むことが極楽往生への道であると考えられるようになり、平安貴族たちはこぞって、極楽を表わした浄土美術の制作に励んでいった。そしてそれらが仏寺に収められ、崇拝されていったのである。

こうした信仰は、平安時代までは僧侶や社会的身分の高い者に限られていたが、鎌倉時代になると、浄土宗を開いた法然《ほうねん》や浄土真宗の開祖親鸞《しんらん》など鎌倉新仏教の祖師《そし》たちによって一般庶民へも広く流布することになり、極楽往生の観念が日本人に定着していくことになった。

極楽の世界はまばゆいばかりの金銀で飾られ、歓喜の音楽と光に溢《あふ》れた、まさに楽園であった。そしてそこでは、阿弥陀如来から直接教えを聞くことができ、仏道に邁進することができた。人々は地獄における苦しみを恐れ、ひたすら極楽への憧憬《どうけい》を抱くようになったのである。

浄土思想の変遷

仏教伝来前

死ぬと魂が肉体から抜け出て「あの世」へ行くが、あの世とこの世は隔絶された別々の存在ではなく、一部でつながっていて、互いに行き来できると考えられた。

↓

奈良時代

仏教伝来により、浄土への往生という観念がもたらされるが、当初は、従来の「あの世」観と融合する形で受け入れられる。

↓

平安時代後期

源信の『往生要集』で地獄・極楽の様相が具体的に示されたことと、日本に末法思想が広まったことで、極楽往生を求める信仰が盛んになる。

↓

鎌倉時代

法然、親鸞ら新仏教の開祖により、他力本願、悪人正機など新たな往生観が呈示され、極楽往生の観念が幅広い層に浸透する。

こらむ・諸宗教の他界観①

キリスト教の天国と地獄

キリスト教では、死後、その魂は天使によって神のもとへと導かれるとする。そしてそこで死後の審判《しんぱん》が行なわれ、洗礼《せんれい》を受けた義人《ぎじん》の魂は天国へ、罪人の魂は地獄へ行くとされる。これがキリスト教における基本的な他《た》界観《かいかん》であるが、中世に入ると、キリスト以前に活躍していた洗礼を受けていない義人や預言者《よげんしゃ》、生まれたばかりで洗礼を受ける間もなく亡くなってしまった赤ん坊などは、リンボと呼ばれる苦痛のない場所に送られ、そこで最後の審判までの時を待つとされた。また、自らの意志ではなく、日々の生活を送る中で知らぬ間に小さな罪を重ねてしまったキリスト教徒は、煉獄《れんごく》という場所に送られ、そこで罪を浄化しながら最後の審判の時を待つとされた（このリンボや煉獄の概念をプロテスタントは認めていない）。

しかし、これらは決して永遠のものではなく、あくまでもこの世の終わりの時までの居場所にしかすぎない。終末の時が訪れると、その時点で生きていた人間はすべて死に、その後、すべての死者とともに生前同様の肉体を持って復活する。そして人々は最後の審判を受け、義人は永遠の天国である神の国へ向かい、罪人は永遠に苦しみを味わう地獄へ送られるのである。

キリスト教の天国のイメージについてはおもに２種類あり、『旧約聖書《きゅうやくせいしょ》』創世記《そうせいき》で語られるエデンの園《その》と『新約《しんやく》聖書』ヨハネの黙示録《もくしろく》で語られる新しいエルサレムである。とくに新しいエルサレムは、最後の審判後に天から地上に降りてくるとされ、その都は神の栄光で光輝き、碧玉《へきぎょく》や純金、宝玉でできているという。選ばれた者は、このすばらしい都に住むことができると考えられた。

第一章 地獄の世界

第一章
地獄の世界

地獄の世界

須弥山の下に果てしなく広がる苦しみの場所

須弥山を中心に広がる宇宙

仏教の世界観によると、宇宙の中心には、須弥山《しゅみせん》という高さ八万由旬《ゆじゅん》の聖山があるとされる。

由旬は古代インドの距離の単位で、一由旬は約十四キロ、約七キロなど諸説がある。

この山を北の倶盧《くる》洲、東の勝身《しょうしん》洲、南の贍部《せんぶ》洲（閻浮《えんぶ》）、西の牛貨《ごげ》洲の四洲と七つ（または九つ）もの山脈が取り囲み、さらにその外側に八つの海が広がる。そしてその海の周りを鉄囲山《てっちせん》が取り巻き、ここが世界の果てとなっている。

須弥山の上部とそのはるか上空には天道《てんどう》があり、人間が住む地上の人間界は贍部州にある。そして、その地下に餓鬼道《がきどう》、さらに奥底に地獄道《じごくどう》が広がるのである。

こうした世界のすべては須弥山世界と呼ばれており、仏教ではこの一須弥山世界を一小世界と呼ぶ。

須弥山世界の概念図

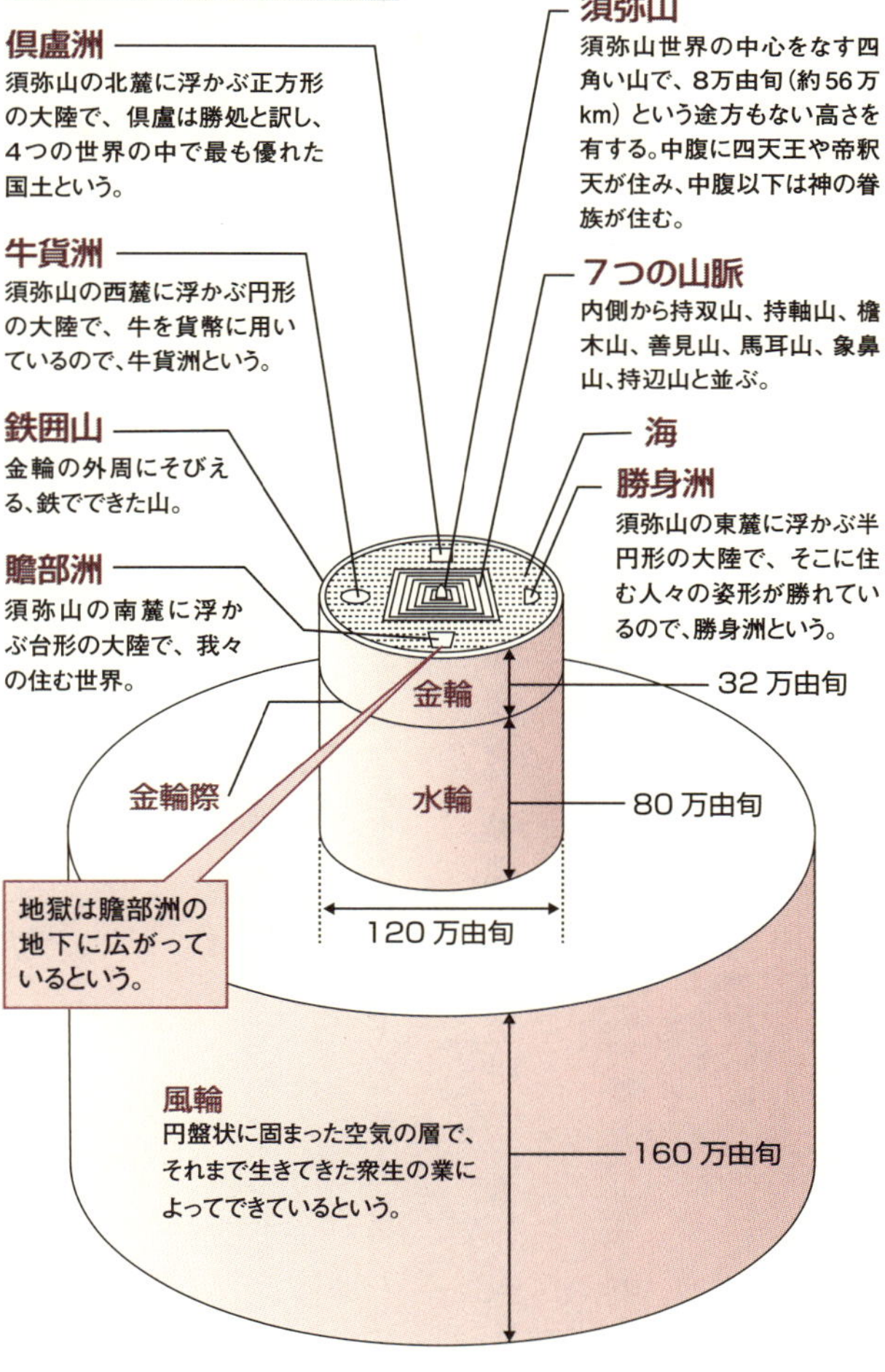
倶盧洲
須弥山の北麓に浮かぶ正方形の大陸で、倶盧は勝処と訳し、4つの世界の中で最も優れた国土という。
牛貨洲
須弥山の西麓に浮かぶ円形の大陸で、牛を貨幣に用いているので、牛貨洲という。
鉄囲山
金輪の外周にそびえる、鉄でできた山。
贍部洲
須弥山の南麓に浮かぶ台形の大陸で、我々の住む世界。
須弥山
須弥山世界の中心をなす四角い山で、8万由旬（約56万km）という途方もない高さを有する。中腹に四天王や帝釈天が住み、中腹以下は神の眷族が住む。
7つの山脈
内側から持双山、持軸山、檐木山、善見山、馬耳山、象鼻山、持辺山と並ぶ。
海
勝身洲
須弥山の東麓に浮かぶ半円形の大陸で、そこに住む人々の姿形が勝れているので、勝身洲という。
金輪
32万由旬
金輪際
水輪
80万由旬
120万由旬
地獄は贍部洲の地下に広がっているという。
風輪
円盤状に固まった空気の層で、それまで生きてきた衆生の業によってできているという。
160万由旬

須弥山は仏教における宇宙の中心で、その上部とはるか上空に天道、奥底に地獄道が広がる。我々が住まう人道の世界は贍部洲にある。

これが千個集まると「小千世界」、小千世界が千個集まると「中千世界」、中千世界が千個集まると「大千世界」となる。

●二千年かけて堕ちていく地獄

須弥山世界の地下に広がる地獄の場所については経典によって少しずつ異なっており、主に縦に重層に重なる場合と、横に広がる場合に分けられる。

『婆沙論《ばしゃろん》』によれば、第一の等活《とうかつ》地獄は人間の住む世界から地下に一千由旬行ったところにあるという。

そこからさらに地下に二千七百由旬の等間隔で黒縄《こくじょう》、衆合《しゅごう》、叫喚《きょうかん》、大叫喚《だいきょうかん》、焦熱《しょうねつ》、大焦熱《だいしょうねつ》、阿鼻《あび》（無間《むけん》）の七地獄が存在する。

『大毘婆沙論《だいびばしゃろん》』ではその距離が異なっており、まず等活地獄は人間世界の地下五千由旬のところにあるとしている。

以下五千由旬ずつの等間隔で各地獄が存在し、最下層の阿鼻地獄は二万由旬の立方体となっているという。

また、『正法念処経《しょうぼうねんしょきょう》』では各地獄を紹介する中で、焦熱地獄から六千八百由旬の地、海、

こらむ・地獄秘話

罪人を地獄へ送る「火車」

「火車《かしゃ》」は、炎に包まれた車のことである。罪を犯し地獄に連れて行かれる死者の乗り物で、地獄で責め立てるときにも用いられるとされる。

『観仏三昧海経《かんぶつざんまいかいきょう》』によると、阿鼻地獄には18の小地獄があり、そのうちの1つが火車地獄である。火車に乗せて罪人を焼き、たとえ死んだとしても再び生き返らせて火車で18回轢く。さらに天から沸騰した銅を降らせて生き返らせ、これを永遠に繰り返すと描写されている。

地獄の様子を描いた絵巻物『地獄草紙《じごくぞうし》』にも、猛火熾烈《もうかしれつ》の鉄車に乗せられた罪人たちを鬼たちが取り巻き巡り歩く様子が、詞書《ことばがき》と絵によって描かれている。

洲域を過ぎて、さらに三十六億由旬行ったところで十億由旬下ると大焦熱地獄にたどり着くという。

さらに最下層の阿鼻地獄へは、そこから二千年という長い年月をかけて落ちてもたどり着かないとしている。

これらを実際の距離に置き換えてみると地球の裏側に突き抜けてしまい、まったく現実感がわいてこない数字といえるが、地獄はそれほど地底奥深い場所、途方もない時空の彼方に広がっていたと考えられていたのである。

一方『長阿含経《ちょうあごんきょう》』では、須弥山を取り巻く海のさらに外側に二大金剛山《こんごうさん》があり、この金剛山の間は光がなく、暗闇に覆《おお》われていて、そこに地獄が存在するとしている。

閻魔王

死者から死後の世界の裁判官となった地獄の王

楽土の王から地獄の裁判官へ

地獄で死者を裁く裁判官として恐れられる閻魔王《えんまおう》。しかしもともとはヒンドゥー教の太陽神ヴィヴィスヴァットの子であり、名をヤマといった。ヤマは人類初の死者となり、死者の赴《おもむ》く楽土《らくど》の王となった。紀元前千年頃に成立した古代インドの聖典『リグ・ヴェーダ』によると、楽土とは善人の死者が赴く永遠の光明のある理想郷、天国のことで、人々は自分の血縁者と再会し、喜びに満ちた生活を送ったという。

当初は死後の楽土の王とされたヤマが、なぜ地獄の裁判官である閻魔王へと変貌したのか。『ブラーフマナ葬儀書』が作られた時代（紀元前九〇〇〜紀元前五〇〇年）には、この楽土での生活が永遠ではなく、再び死ぬという考えが現われ、人々は再死を恐れるようになった。

その一方で、地獄へ堕ちるという観念がメソポタミア地方からもたらされ、すべての人々

閻魔王

亡者が生前に犯した罪を調べて判決を下すという、地獄の王。道教と結びついて信仰されたため、中国風の服装に身を包んだ姿で描かれることが多い。（長岳寺蔵）

閻魔王庁の五官

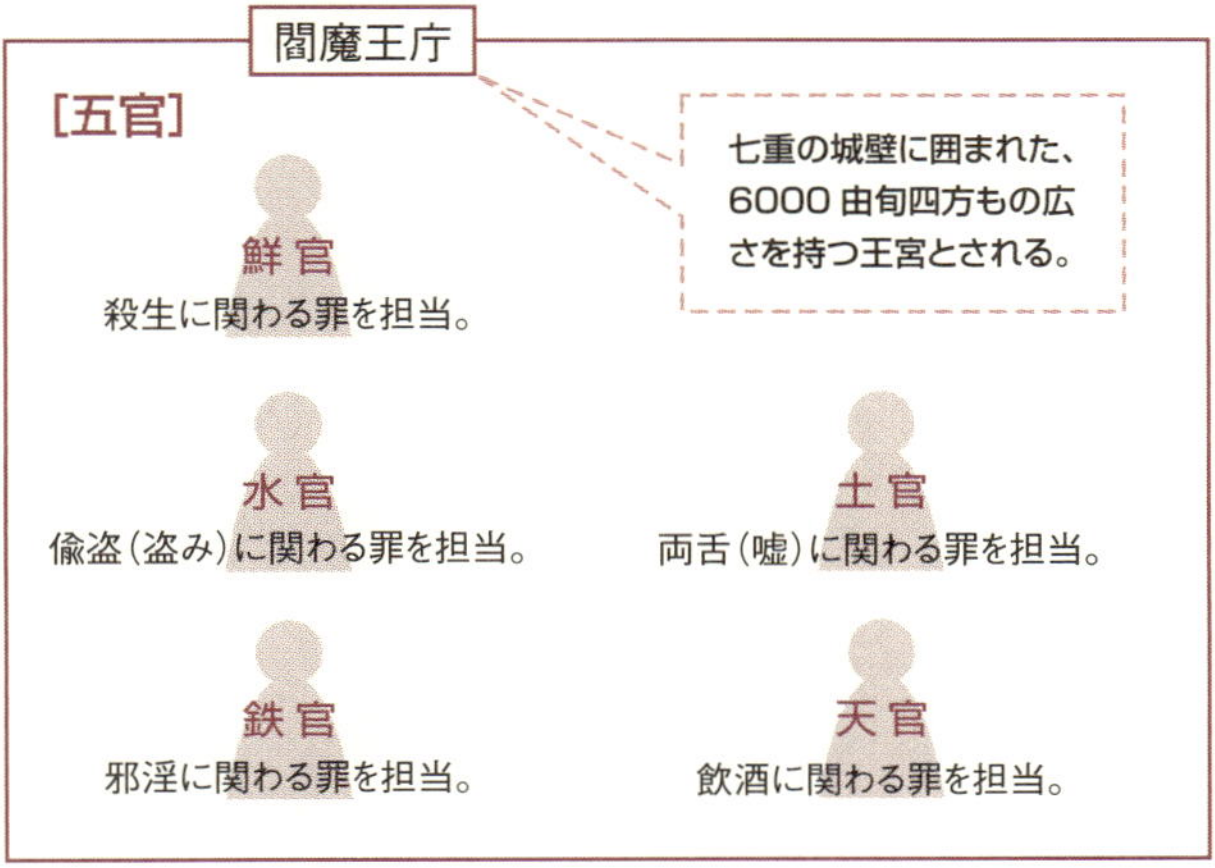
閻魔王庁
[五官]
七重の城壁に囲まれた、6000由旬四方もの広さを持つ王宮とされる。
鮮官
殺生に関わる罪を担当。
水官
偸盗（盗み）に関わる罪を担当。
土官
両舌（嘘）に関わる罪を担当。
鉄官
邪淫に関わる罪を担当。
天官
飲酒に関わる罪を担当。

は次の世界で再び生まれるが、現世《げんせ》における所業《しょぎょう》が善か悪かによって報《むく》いを受けるという考えが広まった。これを因果応報《いんがおうほう》という。こうしてヤマは死者全体の問題を司るとされ、人間の生前の行為の善悪を判定する死後の審判官と見なされるようになった。そして紀元前数世紀頃に、ヤマは恐怖の死神へと変貌するのである。

このヤマが仏教とともに中国に伝えられ、道教《どうきょう》とも結びつく過程で、地獄の裁判官とする見方が確立された。「エンマ」と漢訳され、平等に罪を裁くことから平等王《びょうどうおう》とも訳された。中国の南北朝時代に、閻魔王は中国土着の冥府《めいふ》の支配者である太山府君《たいざんふくん》と同化し、唐代《とうだい》にはその太山府君の上に位置づけられる神とされた。

こうして中国で地獄の王と見なされるようになった閻魔王は、中国風の官服をまとった姿で描かれるのが一般的となった。その王宮の所在については、極楽を思わせるものから、三悪道中の餓鬼道にあるとするもの、地獄界にあるとするものなど経典によって異なっている。おそらく徐々に閻魔王の所在地が地獄に比定《ひてい》されていったものと思われる。

日本には当初から閻魔は地獄の王として伝わり、奈良時代にはすでに閻羅王《えんらおう》（閻魔羅王の略）の使いの鬼が死者を閻羅王のもとへと連れていき、その裁判によって地獄に堕ちるという信仰が生まれていた。

閻魔大王信仰の変遷

インド

ヒンドゥー教の聖典『リグ・ヴェーダ』に登場するヤマ王が起源とされる。ヤマ王は、死者が赴く楽土の王とされた。その後、地獄の概念と結び付き、『マハーバーラタ』では地獄の王として描かれるようになる。

中国

道教における冥府の王である太山府君と同一視され、地獄の裁判官という位置付けが強まる。さらに、十王信仰と結び付き、冥府の十王の中心的存在として信仰される。

日本

仏教とともに伝来し、死者を裁く地獄の王とされる一方で、地蔵菩薩の化身とも見なされる。

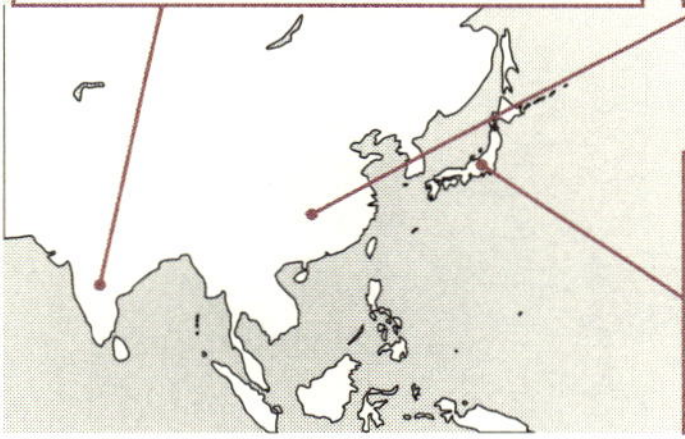

閻魔王の宮殿と配下

『起世経《きせいきょう》』によると、閻魔王が暮らした王宮は、縦横六千由旬という広大なもので、七重の城壁に囲まれ、金銀で飾られた壮麗なものであったという。

閻魔王には鮮官《せんかん》、水官《すいかん》、鉄官《てつかん》、土官《どかん》、天官《てんかん》という五人の配下がいて、殺生《せっしょう》の罪は鮮官、窃盗《せっとう》の罪は水官、邪淫《じゃいん》の罪は鉄官、両舌《りょうぜつ》の罪は土官、飲酒の罪は天官が担当した。そして彼らの奏上《そうじょう》を受けたのち、閻魔王が刑罰を定めた。

また、閻魔王には地獄で亡者を責め立てる獄卒《ごくそつ》と呼ばれる配下がいた。彼らは裸形で、頭に角《つの》を持つ鬼、もしくは牛頭《ごず》、馬頭《めず》の姿をもって表現される。

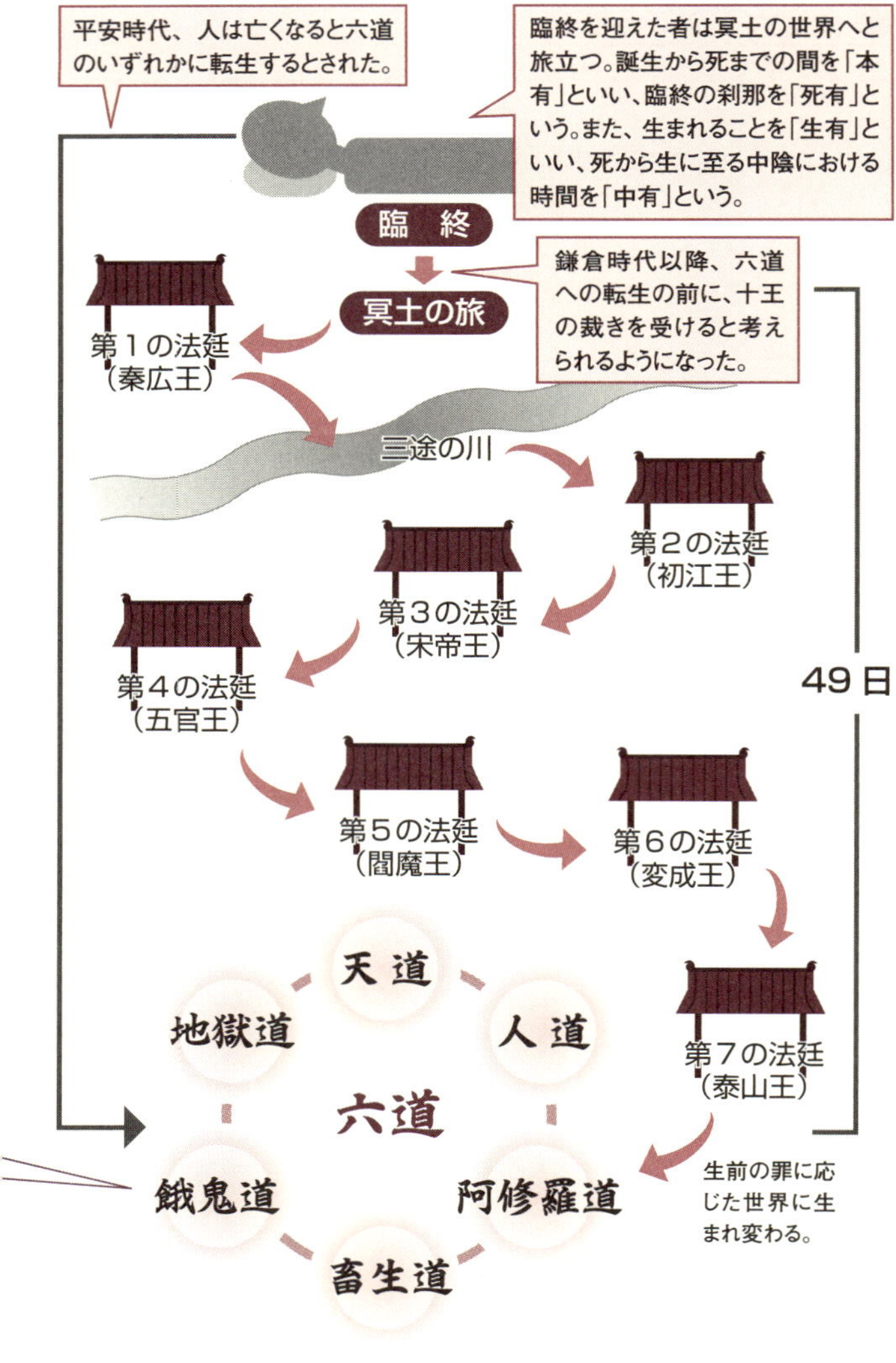

平安時代、人は亡くなると六道のいずれかに転生するとされた。
臨終を迎えた者は冥土の世界へと旅立つ。誕生から死までの間を「本有」といい、臨終の刹那を「死有」という。また、生まれることを「生有」といい、死から生に至る中陰における時間を「中有」という。
臨終
冥土の旅
鎌倉時代以降、六道への転生の前に、十王の裁きを受けると考えられるようになった。
第1の法廷（秦広王）
三途の川
第2の法廷（初江王）
第3の法廷（宋帝王）
第4の法廷（五官王）
第5の法廷（閻魔王）
第6の法廷（変成王）
第7の法廷（泰山王）
49日
天道
人道
阿修羅道
畜生道
餓鬼道
地獄道
六道
生前の罪に応じた世界に生まれ変わる。

地獄世界図

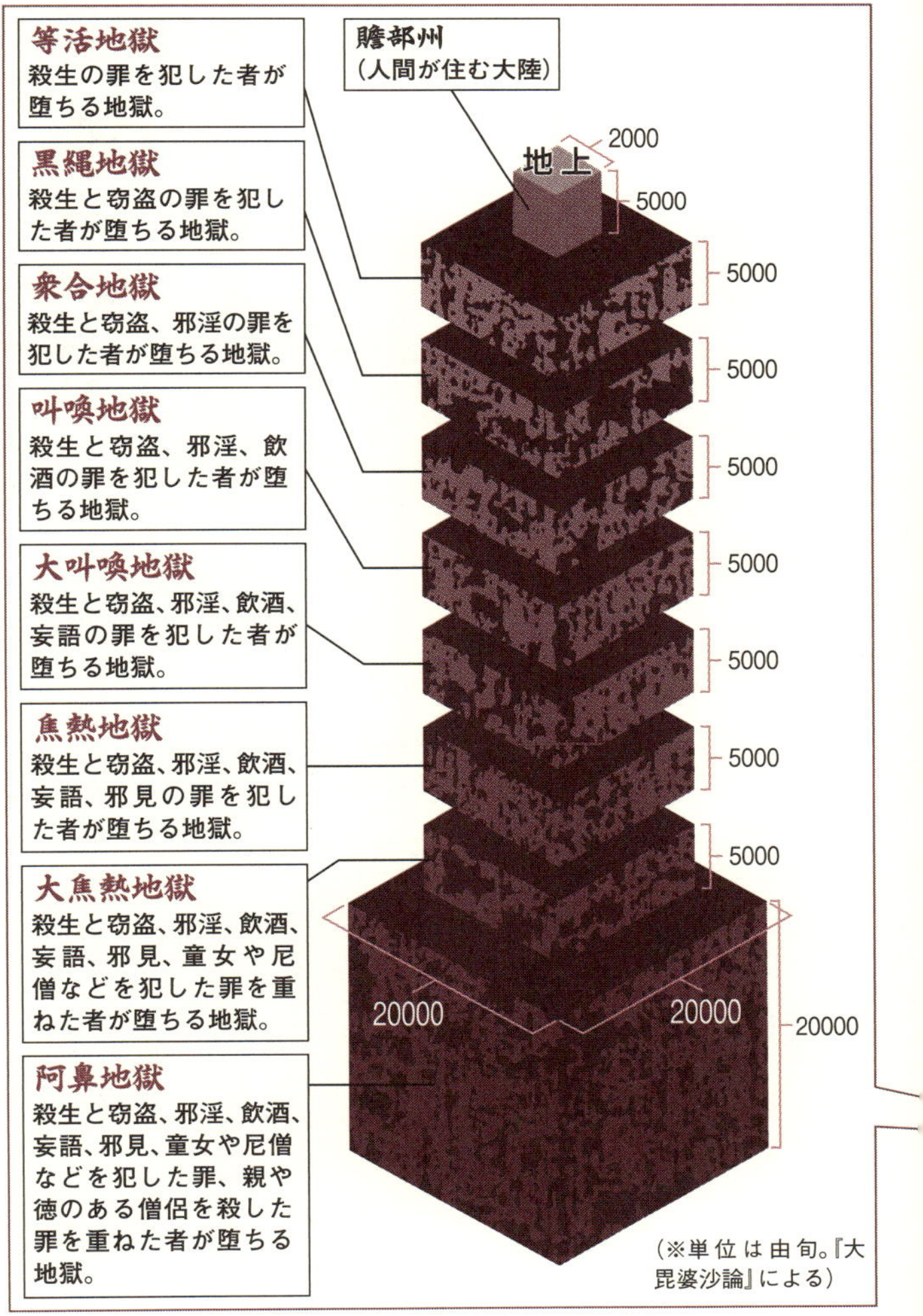
贍部州
（人間が住む大陸）
地上
2000
5000
等活地獄
殺生の罪を犯した者が堕ちる地獄。
5000
黒縄地獄
殺生と窃盗の罪を犯した者が堕ちる地獄。
5000
衆合地獄
殺生と窃盗、邪淫の罪を犯した者が堕ちる地獄。
5000
叫喚地獄
殺生と窃盗、邪淫、飲酒の罪を犯した者が堕ちる地獄。
5000
大叫喚地獄
殺生と窃盗、邪淫、飲酒、妄語の罪を犯した者が堕ちる地獄。
5000
焦熱地獄
殺生と窃盗、邪淫、飲酒、妄語、邪見の罪を犯した者が堕ちる地獄。
5000
大焦熱地獄
殺生と窃盗、邪淫、飲酒、妄語、邪見、童女や尼僧などを犯した罪を重ねた者が堕ちる地獄。
5000
阿鼻地獄
殺生と窃盗、邪淫、飲酒、妄語、邪見、童女や尼僧などを犯した罪、親や徳のある僧侶を殺した罪を重ねた者が堕ちる地獄。
20000
20000
20000
（※単位は由旬。『大毘婆沙論』による）

第一章
地獄の世界

等活地獄

殺生した者が墜ちる果てしない殺戮の世界

●殺生した者が堕ちる地獄

地獄を八つに分類した源信《げんしん》は、『往生要集《おうじょうようしゅう》』において、苦痛の少ない順から各地獄を紹介していった。

まず第一の地獄が、等活《とうかつ》地獄である。名前の由来は、苦しみを受けて死んでしまっても、等しく生き返って再び苦しみを受け続けるというところからきている。

等活地獄は、仏教の世界観でいうところの我々の住む世界、贍部《せんぶ》州の地下一千由旬のところにあり、その広さは縦横一万由旬、高さ二万七千由旬とされる。

この地獄に堕ちるのは、生前、むやみに動物や人を殺生《せっしょう》した者たちである。仏教では一般の信者が守るべき五戒《ごかい》を定めているが、その中でも殺生戒は最も罪が重いものだった。自らの手で人間の命を奪う行為のみならず、自らが手を下さずに死を示唆《しさ》するだけでも適用され、この罪を犯した者は教団を追放された。

等活地獄の苦しみ

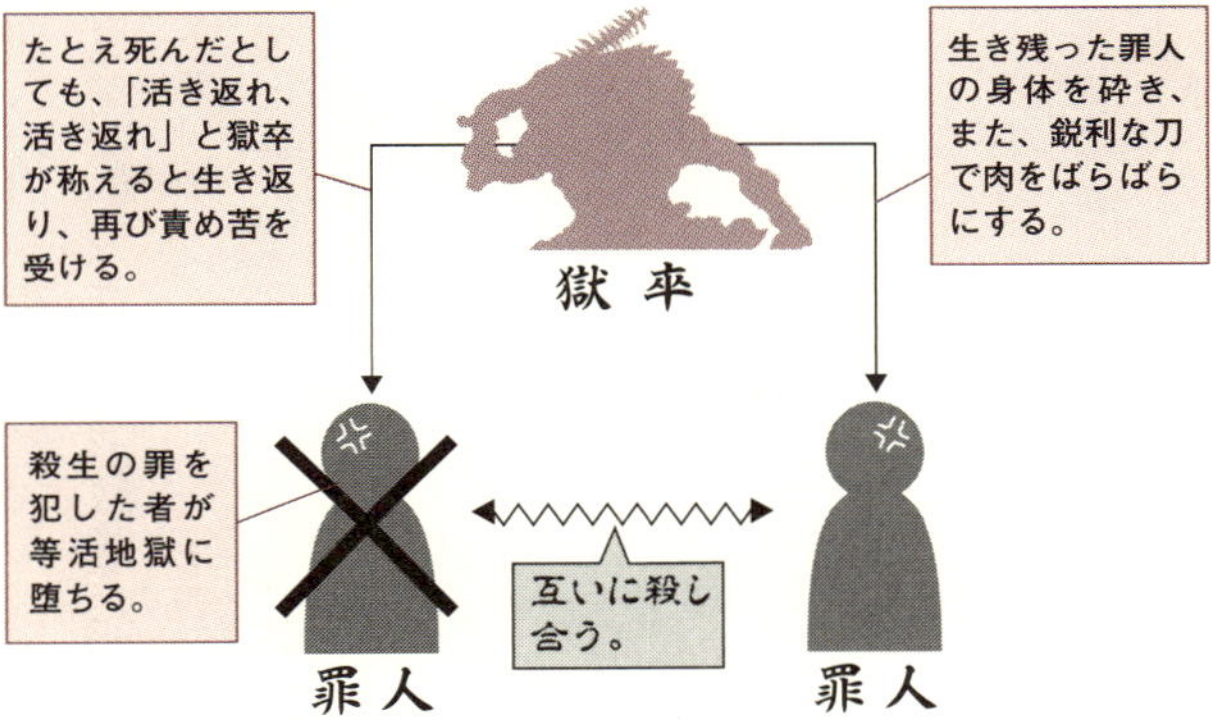
たとえ死んだとしても、「活き返れ、活き返れ」と獄卒が称えると生き返り、再び責め苦を受ける。
生き残った罪人の身体を砕き、また、鋭利な刀で肉をばらばらにする。
獄卒
殺生の罪を犯した者が等活地獄に堕ちる。
互いに殺し合う。
罪人
罪人

等活地獄に堕ちた罪人は、罪人同士で互いに殺し合い、生き残ったとしても獄卒に殺されてしまう。しかし再び生き返らされ、同じ苦しみを味わい続ける。

繰り返される殺戮

この等活地獄に堕ちた罪人たちは、自分たちが生前に生き物を殺した行為と同じような苦しみを受ける。

罪人たちはお互いに敵愾心《てきがいしん》を抱き、ほかの罪人を見つけるや、狩人が鹿に出くわしたかのように相手に襲い掛かるのである。亡者《もうじゃ》に特有の鉄の爪で、血肉が無くなり骨だけになるほど引き裂き合う。ようやく相手を倒したかと思うと、今度は地獄の獄卒が生き残った罪人を鉄の棒《ぼう》や杖《つえ》で叩きのめし、その体を粉々に潰《つぶ》す。あるいは鋭利な刀で魚をさばくかのように罪人の肉をことごとく切り裂いてしまうのである。

ところが、苦しみはこれだけでは終わらな

い。罪人の肉体が消滅し、すべての苦しみが終わったかのように思えても、どこからか涼しい風が吹いてきて、消滅した罪人の体が元に戻り、また同じような殺戮《さつりく》が繰り返されるのである。

このとき、「また等しく活き返れ」という声が空中でしたり、獄卒が二股《ふたまた》になった鉄棒で地面を叩きながら「活、活」と称《とな》えると罪人が生き返るともいわれる。

はたしてこのような苦しみはいつまで続くのか。等活地獄で罪を償《つぐな》わなければならないのは五百年であるが、この地獄における一昼夜は四天王天《してんのうてん》の寿命に相当する。その寿命は五百歳であるが、四天王天の一昼夜は人間世界でいうところの五十年にあたる。つまり等活地獄に堕ちた罪人は、人間世界の約一兆六千億年もの気が遠くなるような長い歳月にわたって責め苦を受けなければならず、前世の罪を償わない限り、次の転生《てんしょう》に旅立つことはできない。

さらに等活地獄には、東西南北に四つの門があり、その門の外に、刀輪処《とうりんしょ》、闇冥処《あんみょうしょ》など十六の小地獄（別処《べっしょ》）が付随している。

ここでは両刃《りょうば》の剣《けん》が雨のように降り注いだり、常に闇火《あんか》で焼かれたり、釜で炒《い》られたりと、聞くのも恐ろしいような責め苦が待ち受ける。

等活地獄

等活地獄では、獄卒に殺されても罪人は再び活き返らされ、幾度となく苦しめられる。

等活地獄に付設する16の小地獄

番号	地獄	内容
1	屎泥処	沸騰した糞尿の地獄。
2	刀輪処	高さ10由旬の鉄の壁に囲まれ、猛火の充満した地獄。
3	瓮熟処	獄卒が罪人を鉄のかめに入れて煮る地獄。
4	多苦処	無数の苦しみが用意された地獄。
5	闇冥処	暗黒の中で焼かれる地獄。
6	不喜処	大火炎の中で鳥や犬や狐に食い尽くされる地獄。
7	極苦処	険しい崖の下で鉄火に焼かれる地獄。
8	衆病処	経典では触れられていない。
9	両鉄処	経典では触れられていない。
10	悪杖処	経典では触れられていない。
11	黒色鼠狼処	経典では触れられていない。
12	異異廻転処	経典では触れられていない。
13	苦逼処	経典では触れられていない。
14	鉢頭摩鬘処	経典では触れられていない。
15	陂池処	経典では触れられていない。
16	空中受苦処	経典では触れられていない。

黒縄地獄

黒縄に沿って身体をばらばらに切り裂かれる苦痛

●黒縄に沿って身体を切断

等活地獄の下に広がる黒縄《こくじょう》地獄は、広さは等活地獄と同じで、殺生と盗みという二つの罪を犯した者が堕ちる地獄である。黒縄とは字のごとく黒い縄《なわ》のことで、大工が木材を切る目印となる線を引くのに用いる墨縄を示す。

この地獄に堕ちた罪人たちは、獄卒に捕らえられ、焼いて高温となった鉄の地面に伏せさせられると、熱した鉄の縄で身体中余すところなく線が引かれる。これだけでも身がもだえるような苦しみを味わうことになるが、さらにその線の通りに、熱した斧《おの》や鋸《のこぎり》で身体をばらばらに切り裂かれてしまうのである。また、斧や鋸、ノミなどのような鉄の道具で拷問されたり、熱した金網の衣を着せられて苦しめられたりもする。

さらにこの地獄には、熱した鉄の縄が交錯するようにびっしりとぶら下がっているところがある。罪人がこの場所に追い込まれると、途端に激しい突風が吹き荒れ、巻き上げら

黒縄地獄の苦しみ

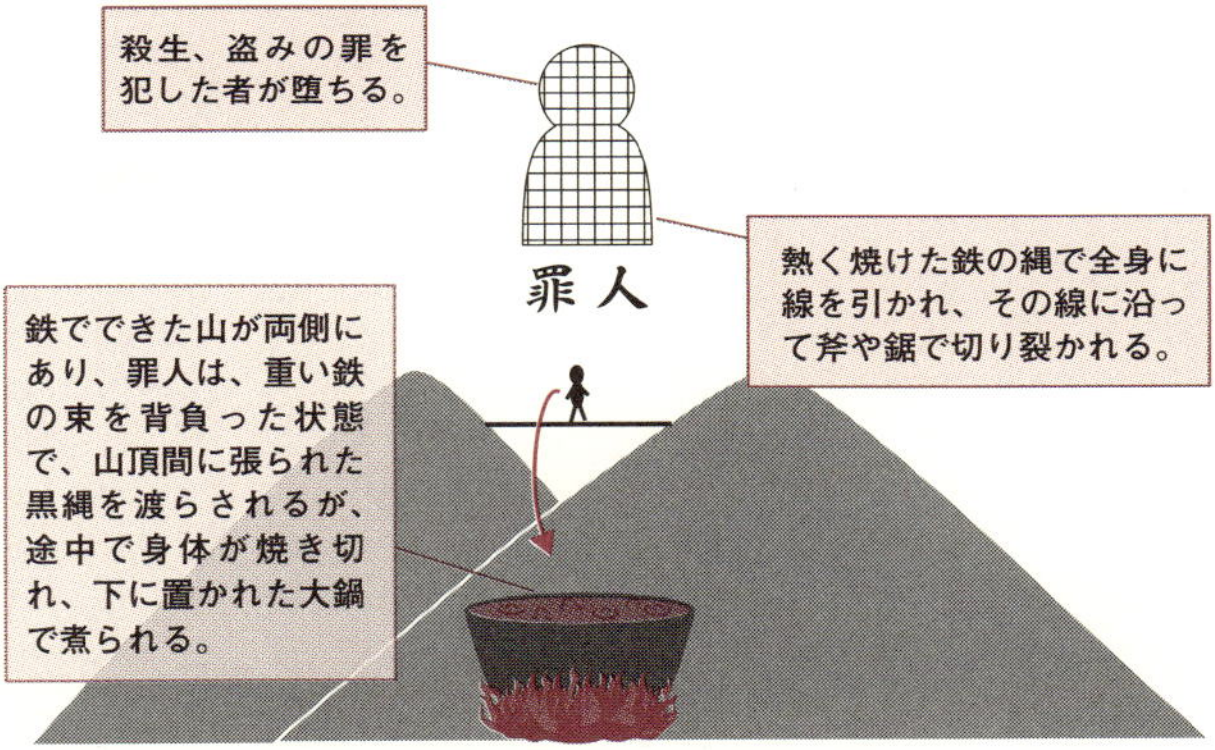
殺生、盗みの罪を
犯した者が堕ちる。
罪人
熱く焼けた鉄の縄で全身に
線を引かれ、その線に沿っ
て斧や鋸で切り裂かれる。
鉄でできた山が両側に
あり、罪人は、重い鉄
の束を背負った状態
で、山頂間に張られた
黒縄を渡らされるが、
途中で身体が焼き切
れ、下に置かれた大鍋
で煮られる。

黒縄地獄の苦しみは等活地獄の10倍で、肉体的苦痛のみならず精神的苦痛をも強いられる。

黒縄地獄に付設する16の小地獄

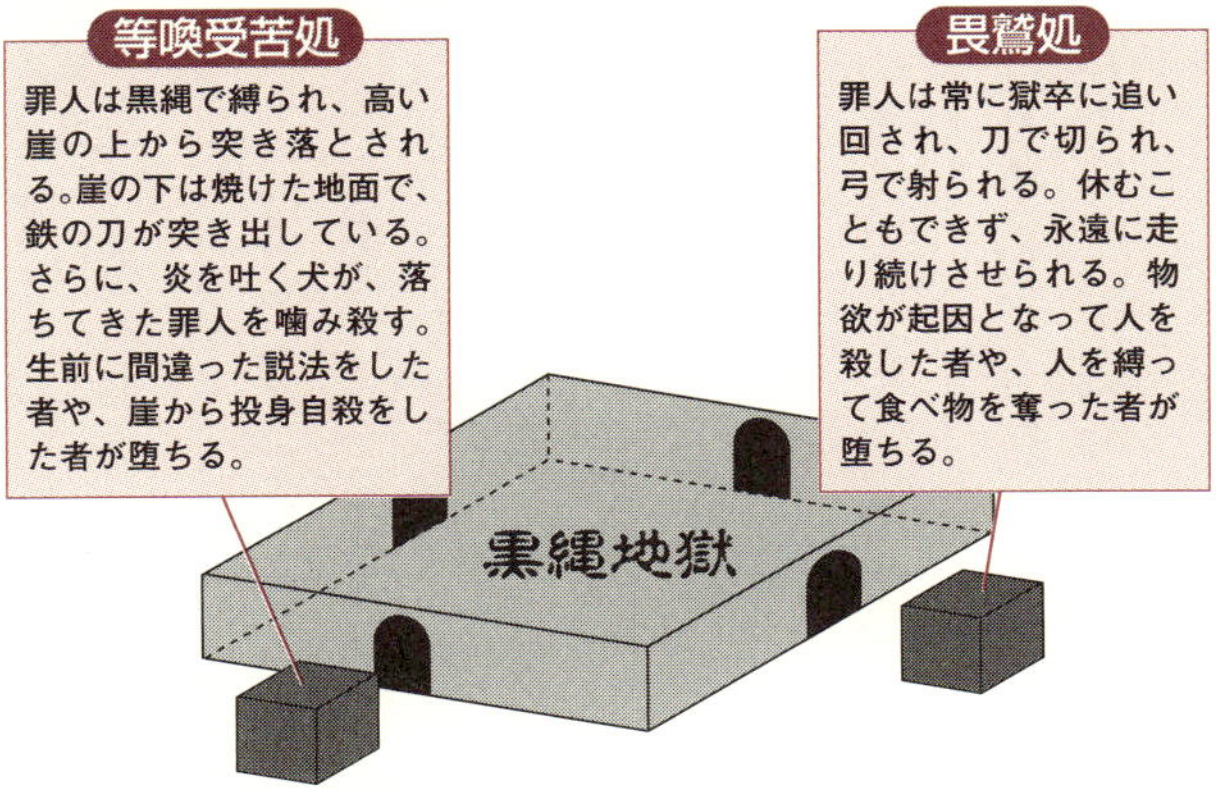
等喚受苦処
罪人は黒縄で縛られ、高い
崖の上から突き落とされ
る。崖の下は焼けた地面で、
鉄の刀が突き出している。
さらに、炎を吐く犬が、落
ちてきた罪人を噛み殺す。
生前に間違った説法をした
者や、崖から投身自殺をし
た者が堕ちる。
畏鷲処
罪人は常に獄卒に追い
回され、刀で切られ、
弓で射られる。休むこ
ともできず、永遠に走
り続けさせられる。物
欲が起因となって人を
殺した者や、人を縛っ
て食べ物を奪った者が
堕ちる。
黒縄地獄

黒縄地獄にもほかの地獄と同様、16の小地獄が存在するが、源信はそこから2つの小地獄を『往生要集』で紹介している。

れた熱い縄が罪人の身体に蔦《つた》のように絡《から》みつく。するとたちまち、肉はおろか骨すらも焼け焦げ、耐えがたい苦しみが罪人を襲う。

さらに黒縄地獄の左右には大きな鉄の山があり、山上には無数の鉄の幢《はた》が立ち並ぶ。そして幢から幢へは熱された鉄縄が張り巡らされ、その下には煮えたぎった大釜が置かれる。罪人はこの鉄縄の上を、鉄の束を山のように背負わされて綱渡りさせられるが、途中で罪人の身体は焼き切れて下へ落ち、そのまま大釜で煮られてしまうのである。

そして獄卒がこれでもかという絶望的な言葉を投げつけて罪人を責め立てる。

「人の心こそが一番の怨《あだ》をなすのだ。この怨が一番の悪を働き、人に取りついて閻魔王のもとに送らせる羽目になる。お前は地獄に堕ちて焼かれ、自分の悪業によって食われるが、妻子・兄弟であろうとも誰もこれを救うことはできない」と。

●逃げ続けなければならない小地獄

この黒縄地獄も等活地獄と同様に、罪人たちは幾度も活き返らされ、黒縄の責め苦を受け続けることになる。この苦しみは、等活地獄および十六の小地獄をすべて合わせた十倍という大変重いものである。

黒縄地獄

黒縄地獄では斧や鋸などで身体中を切り刻まれ、耐えがたい苦しみを味わわされる。

この地獄での寿命は千年であるが、その一昼夜は忉利天《とうりてん》の寿命に相当し、その寿命は人間世界の千年に値する。人間世界の百年が忉利天の一昼夜に相当することから、この地獄での苦しみは、なんと約十三兆年にもわたって続くのである。

なお、この地獄も等活地獄同様、四方に十六の小地獄が付属している。

いくつかの例を挙げると、罪人は黒縄で縛られ、白刃が林立する地面に断崖から突き落とされる。さらに猛犬が罪人に噛み付き、身体をばらばらにするという等喚受苦処《とうかんじゅくしょ》や、常に獄卒に追いまくられ、永遠に近い歳月を休みなく走り続けて逃げ回らねばならない畏鷲《いじゅ》処《しょ》などがある。

第一章
地獄の世界

衆合地獄

邪淫の罪を犯した者を責め立てる「全山鉄」と「刀葉林」

●鉄の山に押しつぶされる罪人

第三の衆合《しゅごう》地獄は、黒縄地獄の下にあり、広さは黒縄地獄と同じとされる。殺生、盗みに加えて邪淫《じゃいん》の罪を犯した者が堕ちる地獄である。邪淫も五戒の一つで、邪《よこしま》で淫らな行為をしたり他人の妻と交わることは厳格に戒められていた。

この世界には、全山鉄《ぜんざんてつ》と呼ばれる鉄の山が向かい合ってそびえている。獄卒がさまざまな拷問具《ごうもんぐ》を手に罪人たちをここに追い込むと、突然、山が両方から迫ってきて罪人たちを押しつぶして砕いてしまうのだ。これが衆合地獄と呼ばれる由縁《ゆえん》であり、堆圧《たいあつ》地獄と呼ばれることもある。

さらには、鉄の山が空中から落ちてきて罪人を木《こ》っ端《ぱ》微塵《みじん》に打ち砕いたり、平たい石のまな板に罪人を縛りつけ、その上から巨大な石を落下させることもある。また、鉄の臼《うす》に入れた罪人を、獄卒が餅をつくように鉄の杵《きね》でつき砕いたり、灼熱の赤銅が流れる川に罪

衆合地獄の苦しみ

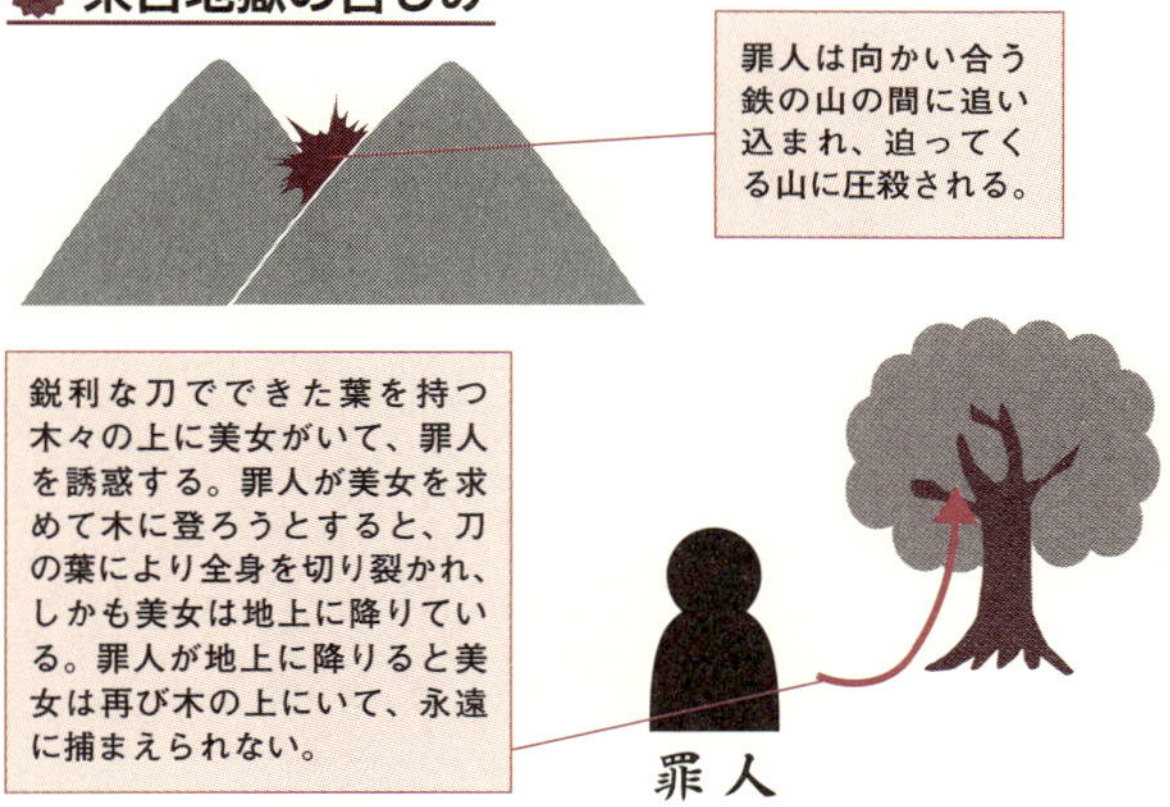
罪人は向かい合う鉄の山の間に追い込まれ、迫ってくる山に圧殺される。
鋭利な刀でできた葉を持つ木々の上に美女がいて、罪人を誘惑する。罪人が美女を求めて木に登ろうとすると、刀の葉により全身を切り裂かれ、しかも美女は地上に降りている。罪人が地上に降りると美女は再び木の上にいて、永遠に捕まえられない。
罪人

衆合地獄は殺生、盗みのほか、淫欲にふけった者が堕ちる地獄で、黒縄地獄の10倍の苦しみを味わう。

人を投げ入れるなど、じつに多彩な拷問が待ち構えている。

欲情の恐怖「刀葉林」

しかし、衆合地獄に堕ちた者にとって何よりも恐ろしいのは、刀葉林《とうようりん》である。刀のような鋭い葉が茂った林の中に放り出された罪人が木の上を見ると、そこには美しい女性たちがいて、艶《つや》っぽい身振りで手招きをしている。もともと淫乱《いんらん》の気のある罪人たちのこと、たちまちこの誘惑に取りつかれ、なんとか美女のもとに行こうと木を登り始める。その途中、カミソリのような鋭い葉に五体を切り裂かれ、内臓まで断ち割られるという激痛に耐えながら、ようやく木の上に達すると、美女はいつの間にか地上に降りている。そして美女が「あなたを慕《した》って降りて来たのに、どうして私に近づこうとしないのか、私を抱こうとしないのか」と媚態《びたい》を含んで恨《うら》めしそうに誘う。

さらに欲情に駆り立てられた罪人は、刃の葉に身体を切り裂かれながらも再び地面に降りるが、今度は美女は木の上に移動している。これが幾度となく繰り返されるのである。これは、すべて罪人の邪欲《じゃよく》の投影である。彼らは身もだえするような欲情にさいなまれながら、それが叶《かな》うことはないうえ、身体を傷つけて木を登ったり降りたりするという苦しみを味わい続けることになる。その期間は夜摩天《やまてん》の寿命を一昼夜として二千年。夜摩天の寿命は二千年で、人間世界の二百年が夜摩天の一昼夜にあたることから、じつに約百兆年もの間苦しまなければならない。さらに獄卒によって、「これは他人の苦の報いではなく、これこそ自業自得《じごうじとく》なのだ」と責め立てられるのである。

この地獄にも十六の小地獄があり、男色《だんしょく》の行為をした者が堕ちる多苦悩処《たくのうしょ》では、愛しい相手と抱き合った瞬間、燃え尽きてしまう。他人の妻と関係した者が堕ちる忍苦処《にんくしょ》では、火責め、剣責めなどが待ち受けている。いずれも死んでも活き返り、同じ苦しみを繰り返し受け続ける。

刀葉樹

刀葉樹は人間の愛欲を描いたものであり、罪人は自らの欲望によって身や心を傷つける苦しみを味わい続ける。（長岳寺蔵）

叫喚地獄

煮えたぎる銅を飲まされ内臓を焼き切られる飲酒の罪

●飲酒の罪で銅汁を飲まされる

衆合地獄の下にある第四の地獄の叫喚《きょうかん》地獄は、殺生、窃盗、邪淫に加え飲酒の罪を犯した者が堕ちる地獄である。自分が飲酒するだけでなく、人に酒を勧めて悪事を仕向けることも罪とされた。かつて釈迦《しゃか》は「酒を飲んで怠《おこた》りの心を起こしてはならない」と述べ、不飲酒戒《ふいんしゅかい》を設けた。また大乗仏教では酒の売買も禁じて、酒の根絶を目指した。このように、仏教の世界では酒に飲まれて理性を失うことを強く戒めたのである。

この地獄では、その名のごとく至るところで罪人たちの悲鳴が轟《とどろ》き、響き渡る。まず金色の頭をして、爛々《らんらん》とした眼から火炎を放ち、赤い服を身にまとった巨漢の獄卒が、長い手足で疾風《しっぷう》のように走り、恐ろしい声を出して罪人を追い回しては矢を射る。そして鉄の棒で罪人の頭を打ち、熱した鉄の地面の上を走らせたり、罪人たちを熱い釜に入れて煮たり、焼いたり、さらには炎が燃え盛る鉄の部屋に追い込むこともある。

叫喚地獄の苦しみ

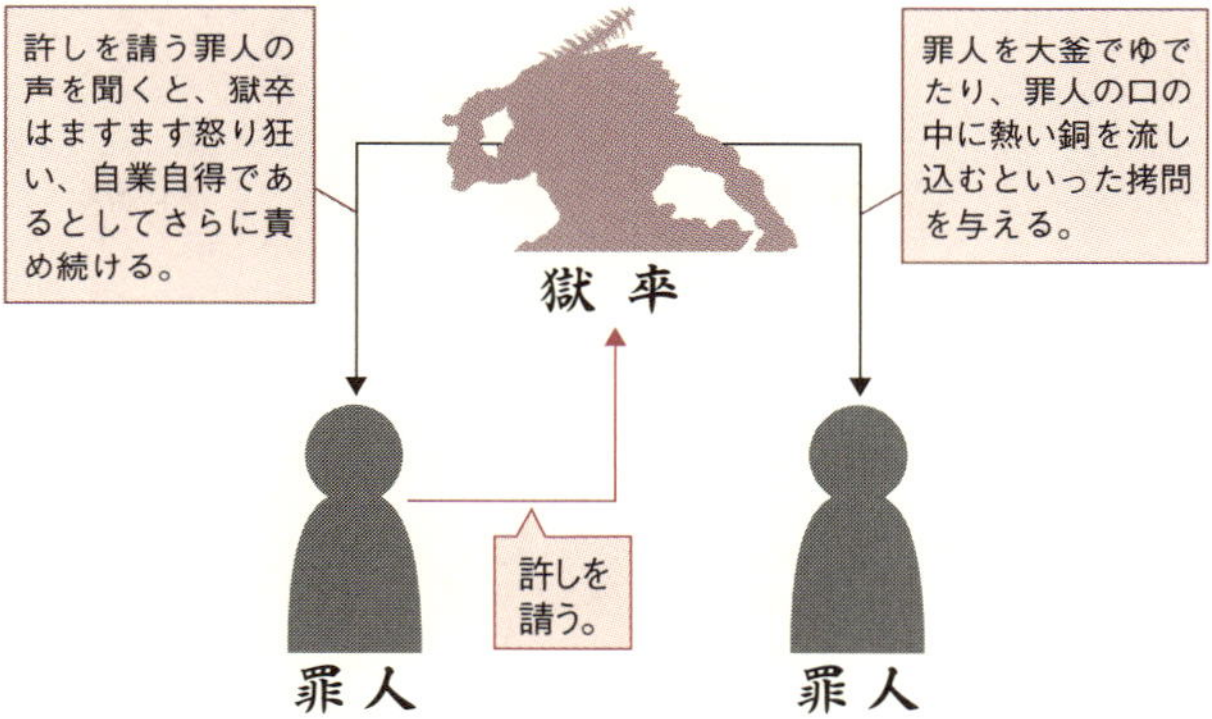
許しを請う罪人の声を聞くと、獄卒はますます怒り狂い、自業自得であるとしてさらに責め続ける。
罪人を大釜でゆでたり、罪人の口の中に熱い銅を流し込むといった拷問を与える。
獄卒
許しを請う。
罪人
罪人

衆合地獄の10倍の苦しみを味わう叫喚地獄では、あまりの苦しみに、罪人が獄卒に対して思わず許しを請うほどである。しかしその行為に獄卒は一層いきり立ち、さらに罪人を追い詰める。

果ては金鋏《かなばさみ》で口を無理やりこじ開けると、そこへ酒の代わりに、なんと煮えたぎった銅を流し込むのである。熱い銅が喉から内臓、肛門《こうもん》へと流れ、すべての内臓を焼き切っていく。このとき、罪人はあまりの熱さと苦しさに泣き叫ぶ。

自業自得の因果

これらの辛い拷問を受け、追い詰められた罪人たちの中には、頭を床にこすりつけて「どうか憐《あわ》れと思ってお見逃しください」と獄卒に許しを請う者も現われる。しかし獄卒はその言葉にさらに怒りを募らせ、罪人を激しく責め立てる。

罪人がこれを恨みに思って「あなたはどう

して憐れみの心がなく、私たちを苦しめるために走り回るのですか。地獄に堕ちた我々こそ憐れみをかけられるべき存在であるのに、どうして憐れみをかけてくれないのか」と訴えると、獄卒は「お前は自らの悪業の報いを受けているのだ。なんで私を恨むことがあろう」と答え、さらに「お前は愛欲の罠にはまり数々の悪業をなし、その愚かさのためにたぶらかされた。そのときに悔《く》いることなく、今になって悔いても始まらない」と理路整然とあざ笑うかのように答えるのである。ここでも、自業自得であることが強調されている。

もちろんここでの刑期も果てしなく長い。都率天《とそつてん》の寿命を一昼夜として四千年。都率天の寿命は四千年で、その一昼夜は人間世界の四百年にあたることから、約八百五十二兆年にわたって拷問による苦しみを受けなければならないのである。

叫喚地獄に付属する十六の小地獄も酒に関わる内容となっている。火末虫処《かまつちゅうしょ》は、生前に水を加えた不良品の酒を売って荒稼ぎした者が堕ちる地獄で、四百四病と呼ばれるようなあらゆる病苦を受ける。病にかかると、身体から虫が這い出し、身体のすべてが食い尽くされてしまう。また雲火霧処《うんかむしょ》は、無理に酒を飲ませ、泥酔《でいすい》させてあざけった者が堕ち、罪人たちは業火《ごうか》に追い込まれては活き返ることを繰り返すことになる。酒を使って人を苦しめた者も罪とされたのである。

叫喚地獄

叫喚地獄では、罪人は熱く煮えたぎった銅を口の中に流し込まれたり、熱い釜で煮たりされる。その苦しみのあまりから、罪人は思わず泣き叫んでしまう。

叫喚地獄に付設する16の小地獄

番号	地獄	内容
1	大吼処	溶けた白蝋を飲ませられる地獄。
2	普声処	鉄の杵で打たれる地獄。
3	髪火流処	鉄の犬、鷲、狐に身体を食われる地獄。
4	火末虫処	四百四病と呼ばれる、あらゆる病苦を受ける地獄。
5	熱鉄火杵処	鉄の杵で粉砕される地獄。
6	雨炎火石処	熱く焼けた石の雨を浴びたり、象に押しつぶされたりする地獄。
7	殺殺処	熱い鉄のかぎで男根を引き抜かれる地獄。
8	鉄林曠野処	回転する車輪に縛りつけられ、弓で射られる地獄。
9	普闇処	闇の中で打ちのめされる地獄。
10	閻魔羅遮曠野処	足から頭まで刀で切り裂かれる地獄。
11	剣林処	熱い石の雨や白蝋の川に身をさらされる地獄。
12	大剣林処	刀の葉が茂る林に追い立てられる地獄。
13	芭蕉烟林処	熱い鉄板の上で焼かれる地獄。
14	煙火林処	熱風に吹き上げられ、空中で罪人同士がぶつかり合う地獄。
15	雲火霧処	熱風に吹き上げられ、空中で回転して消滅する地獄。
16	分別苦処	獄卒に拷問・説教される地獄。

大叫喚地獄

嘘、二枚舌、悪口、詭弁などの妄語を戒めた世界

●苦痛と恐怖に大絶叫

叫喚地獄のさらに下には、第五の地獄、大叫喚《だいきょうかん》地獄がある。この地獄の拷問の内容は叫喚地獄と同じだが、大釜や大鍋はこれまでの地獄のものとは比較にならないほど大きく、それに比例して罪人が受ける苦しみも、前の四つの地獄とそれぞれに付属する十六の小地獄の苦しみを合わせたものよりも十倍重いとされる。そのため、罪人の泣き叫び方も倍加しており、大叫喚地獄と名づけられた。

これほどまでに大きな苦痛を与える大叫喚地獄に堕ちるのは、これまでの殺生、窃盗、邪淫、飲酒に加え、妄語《もうご》の罪を犯した者である。

妄語とは嘘をつくことであるが、そのほか、二枚舌を使う、悪口を言う、詭弁《きべん》を弄《ろう》するなども含めた総称として捉えられる。

釈迦は、共同生活に支障をきたすような妄語は殺生や盗みと同じように重い罪と見なし、

大叫喚地獄の苦しみ

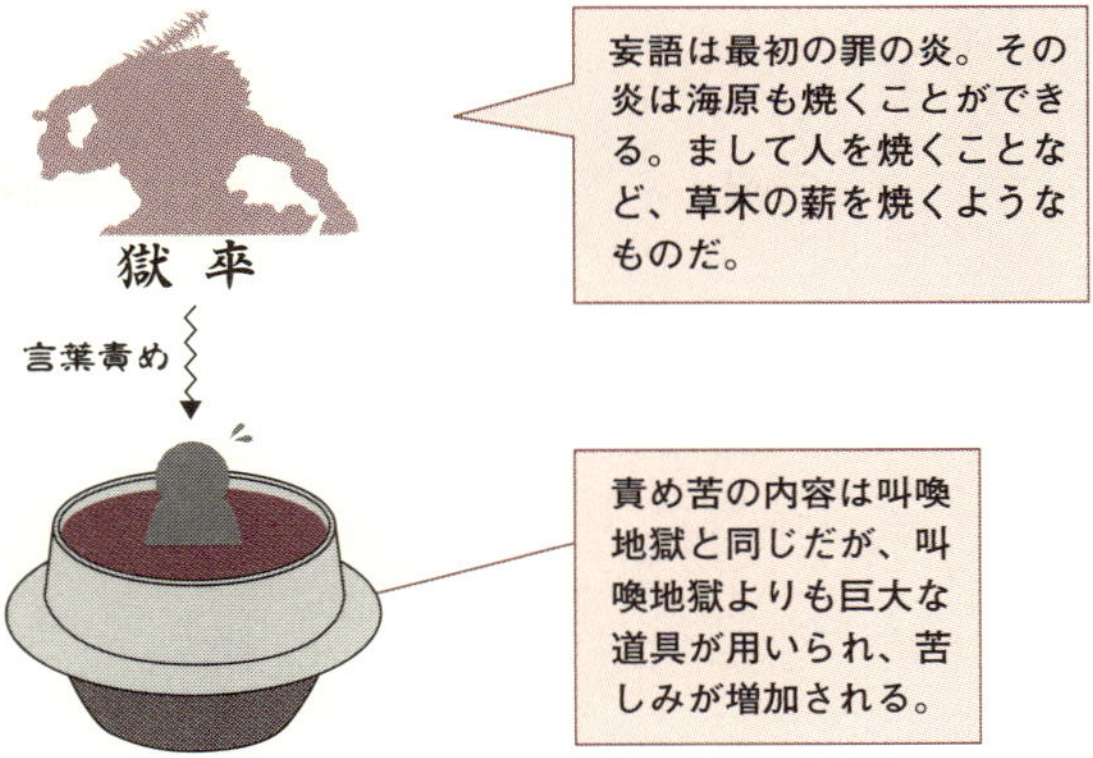
獄卒
言葉責め
妄語は最初の罪の炎。その炎は海原も焼くことができる。まして人を焼くことなど、草木の薪を焼くようなものだ。
責め苦の内容は叫喚地獄と同じだが、叫喚地獄よりも巨大な道具が用いられ、苦しみが増加される。

嘘をつくという行為は社会全体に害をなすものであり、そのため苛酷な責め苦が用意されている。

これに背いた修行僧を教団から追放した。これほどまでに妄語を重く見たのは、お互いの信頼関係が教団、ひいては社会生活の根本となるからである。

信頼感なくては社会は乱れ、醜《みにく》い争いの場と化してしまう。そのような社会を体現したのが、この大叫喚地獄であった。それは獄卒の次の言葉によく現われている。

「妄語は最初の罪の炎である。その炎は海原も焼くことができる。まして人を焼くことなど、草木の薪《たきぎ》を焼くようなものだ」

妄語が大きな罪を引き起こすことを示唆した言葉である。

ここでの寿命は八千年であるが、この地獄では化楽天《けらくてん》の寿命が一昼夜に相当する。化楽天の寿命は八千年で、化楽天の一昼夜が人間世界の八百年にあたる。つまり約七千兆年も苦しみを味わい続けるのである。

●舌を抜かれる小地獄

なお、この地獄の具体的な内容は前の叫喚地獄と同じとしてあえて記されていないが、小地獄はほかの地獄同様十六設けられている。

その中の一つ、受無辺苦処《じゅむへんくしょ》と呼ばれる小地獄は、船長でありながら海賊と通じて自分の船に積んでいた他人の財産を奪った者が堕ちる地獄である。罪人は熱い鉄の箸《はし》で舌を引き抜かれるが、その苦しみは一度では終わらない。舌はすぐ生えてくるので、寿命が続く限り際限なく舌が抜かれ続けるのだ。さらに眼球が抉《えぐ》り出されたり、鋭い刃を使って肉を削ぎ落とされるという拷問が加えられた。「嘘をつくと舌を抜かれる」という有名な表現は、この小地獄に由来する。

また布施《ふせ》をすると言いながら実行しなかった者が堕ちる受鋒苦処《じゅほうくしょ》では、真っ赤に焼けた、先の細い鉄串で舌と唇を刺し貫かれ、泣き叫ぶことも、前世《ぜんせ》で罪人がついた嘘もつけなくされる。

大叫喚地獄

大叫喚地獄では、叫喚地獄と比べることができないほどの大きな苦しみを味わわされる。

焦熱地獄

身体のすべてが焼き尽くされる地獄の業火

身体のすべてが焼き尽くされる

大叫喚地獄の下にある第六の地獄が、焦熱《しょうねつ》地獄である。その名の通り、火による責め苦が尋常ではなく、耐え難いような熱さが強調されてこの名がつけられた。

この地獄に堕ちるのは、殺生や盗み、邪淫、飲酒、妄語の五戒を犯したうえ、邪見《じゃけん》の罪を犯した者である。

邪見とは邪な考えのことで、具体的に言えば、因果応報《いんがおうほう》や諸行無常《しょぎょうむじょう》といった仏教の基本的な教えを否定する見方のことである。

ここに堕ちた罪人には、想像を絶するような激しい火の責め苦が待ち受けている。罪人は焼けた鉄板の上に置かれ、獄卒によってあぶられ、焼かれ、炒《い》られ、はたまた鉄の棒で打たれたり、突かれたりして肉団子《にくだんご》のようにされる。あるいは焼いた鉄の串を肛門から頭まで突き刺され、火にあぶられて串焼きにされてしまう。

焦熱地獄

焦熱地獄に堕ちた者は、前の５つの地獄の炎が涼しく感じられるほどの激しい業火で身体の至るところを焼き尽くされる。（長岳寺蔵）

このようにして体内のあらゆる毛孔《けあな》という毛孔、器官という器官すべてが焼き尽くされてしまうのである。

そして一度死んでも、何度でも活き返らされ、その責め苦が続く。

この焦熱地獄の炎の勢いは、大叫喚地獄までの五つの地獄よりも十倍激しいとされる。たとえば、この地獄の炎を豆粒ほどでも地上に持っていったら、一瞬にしてすべてのものが焼き尽くされてしまうほどの熱量であり、焦熱地獄の炎と比べれば、今までの五つの地獄の火は霜雪《そうせつ》のように涼しく感じられるほどであるという。

この地獄における罪人の寿命は一万六千年であるが、その一昼夜は他化自在天《たけじざいてん》の寿命に相当する。他化自在天の寿命は一万六千年で、その一昼夜は人間世界の千六百年にあたる。つまり、人間世界でいう約五京《けい》四千五百兆年の間、紅蓮《ぐれん》の炎に焼かれ続けるのである。

●火による責め苦の小地獄

焦熱地獄にも十六の小地獄が付属しており、そこに堕ちるのは次のような者たちである。殺生することで六道へと転生できるとした者、輪廻転生《りんねてんしょう》はないと嘯《うそぶ》いた者、邪教を信奉した者、この世もあの世も存在しないと説《と》いた者、たとえ人を殺しても殺された者が天に転生できればその殺生は善と説いた者などで、仏の教えを信じず、自己中心的な考えを持った者が堕ちることがわかる。

小地獄の責め苦も容赦がなく、一切人熟処《いっさいにんじゅくしょ》では父母や妻子、友人など大切な人が焼かれるのを目の前で見せつけられ、心に大きな苦痛を強いられる。無終没入処《むしゅうぼつにゅうしょ》では手、足、頭などを局部的に焼かれる責め苦を味わい、闇火風処《あんかふうしょ》では地獄の暴風に吹かれ、空中高く舞い上がると砂粒のように粉々に砕かれてしまう。

金剛嘴蜂処《こんごうしほうしょ》のように、獄卒によって五体の肉を少しずつ切り取られ、その肉片を自身が食べさせられるというおぞましいものもある。

焦熱地獄に付設する16の小地獄

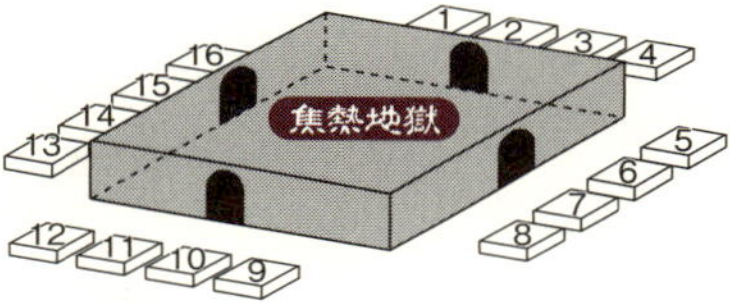

焦熱地獄には東西南北にそれぞれ門があり、その外側に16の小地獄が付設する。

番号	地　獄	内　容
1	大焼処	「後悔の炎」に体内から焼かれる地獄。
2	分荼梨迦処	白い蓮華の池に近づくと猛火に変わって焼かれる地獄。
3	龍旋処	毒を出す龍にまとわれる地獄。
4	赤銅弥泥魚旋処	熱い銅の海で魚に食われる地獄。
5	鉄鑊処	6つの大釜で煮られる地獄。
6	血河漂処	血の川に流される地獄。
7	饒骨髄虫処	どろどろに砕かれ、虫と一緒に焼かれる地獄。
8	一切人熱処	家族や友人が焼かれるのを見せられる地獄。
9	無終没入処	火の山に登らされ焼かれる地獄。
10	大鉢特摩処	紅蓮華の花の中に落とされ、棘で刺される地獄。
11	悪険岸処	あの山を越えれば救われると教えられ、実行すると崖から落とされる地獄。
12	金剛骨処	肉を削られ骨だけにされる地獄。
13	黒鉄縄擦刀解受苦処	鉄の縄で縛られ、切り裂かれる地獄。
14	那迦虫柱悪火受苦処	頭に釘を打たれ、虫に食われる地獄。
15	闇火風処	暴風により回転し、砕かれる地獄。
16	金剛嘴蜂処	肉を少しずつ切り取られ、それを自分で食わされる地獄。

大焦熱地獄

自らの罪が生み出した悪業の炎に焼かれる拷問

地獄に堕ちるまでの恐怖

焦熱地獄の下にある第七の地獄が、大焦熱地獄《だいしょうねつじごく》である。

この大焦熱地獄は、殺生、窃盗、邪淫、飲酒、妄語、邪見に加え、戒律を守っている尼《あま》を犯した者が堕ちる地獄である。邪淫よりも、真摯《しんし》に戒律を守り清らかな生活を送っている尼に淫らな行為を行なうことのほうが、はるかに大きな罪悪と見なされていたのである。

ここでの苦痛は、今までの地獄で受けた苦しみよりも十倍重い。

この地獄において何よりも恐ろしいのは、これまでの地獄とは異なり、肉体的な苦しみを強いられる前に精神的な苦痛が与えられることである。

まず罪人は、死んでから地獄に堕ちるまでの間、恐ろしい大地獄の有様をまざまざと見せつけられる。そして恐ろしい形相で鉾《ほこ》のように鋭い牙《きば》を持ち、手には鋭い刀を持った獄卒の姿を見て、恐怖におののくことになる。獄卒は罪人の喉もとを引っつかむと、そのま

大焦熱地獄の苦しみ

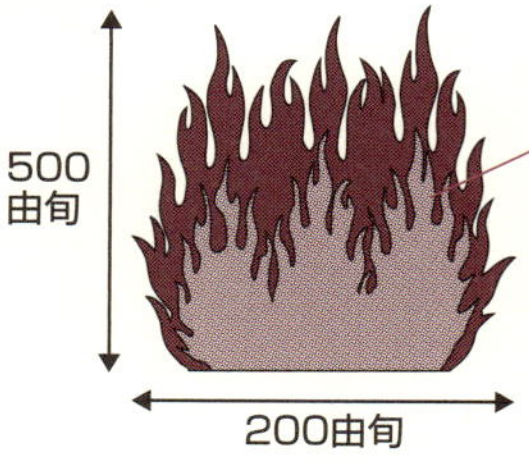
500
由旬
200由旬

大焦熱地獄の炎は非常に巨大で、罪人は炎の中で泣き叫び、無限に焼かれ続ける。そのため、この地獄から3000由旬離れた場所であっても、罪人の苦しみの叫びが聞こえるという。

お前の犯した悪業が炎となってお前を焼く。この世の炎は消すことができるが、悪業の炎は消すことはできない。

獄卒

大焦熱地獄に堕ちる者は死の３日前から苦しみを受け始める。その苦しみは、それまでの6つの地獄の苦しみを合わせて10 倍したほど苛酷なものとなっている。

ま罪人を連れ去る。六百八十万由旬にわたり陸地や海や島を通り過ぎ、海の外側に出てからさらに三十六億由旬を進むと、そこから徐々に十億由旬を下っていく。

こうして閻魔王のもとへと連行された罪人は、閻魔王から延々と激しい呵責《かしゃく》を受けたのち、悪業の縄に縛られ、地獄へと下っていく。その途中では遠くに大焦熱地獄の業火《ごうか》を見せつけられ、百千万億無数という長きにわたって地獄で苦しめられる罪人たちの泣き叫ぶ声を聞かされる。あまりの恐ろしさに恐怖心をあおられているところに、獄卒が「お前の犯した悪業が炎となってお前を焼く。悪業の炎は消すことはできない」と、さらに罪人を責め立てるのである。

●悪業の炎に焼かれ続ける

このように責め立てられたのち、罪人は獄卒に引き連れられ、地獄に足を踏み入れる。大焦熱地獄の炎は高さ五百由旬、広さ二百由旬であり、燃え盛る業火の激しさは罪人の悪業が作り出したものである。罪人は断崖から突き落とされるようにして、この自らが作り出した悪業の炎の中へと突き落とされ、焼かれ続ける。

この地獄における罪人の寿命は一中劫《ちゅうこう》の半分、半中劫である。劫というのは仏教で世界の成立と破壊を説いた長さのことで、一中劫は、一辺が一由旬の巨大な石を百年に一度、布で払うという作業を繰り返した結果、石が摩滅してなくなるよりもさらに長い年数といわれる。まさに無限に等しい年数であり、これまでの地獄での寿命とは根本的に異なっている。

この大焦熱地獄にも、十六の小地獄が付属する。一切方焦熱処《いっさいほうしょうねつしょ》では、針の穴ほどの隙間もないくらい天の果てまでもが炎に包まれ、どんなに罪人が炎の中で助けを求め、泣き叫んだところで、無限に休みなく焼かれ続ける。普受一切資生苦悩処《ふじゅいっさいしせいくのうしょ》では、罪人は火の剣で皮を剥がされ、傷口を焼かれ、どろどろに溶けた熱い鉄板の液を身体中に浴びせかけられるのである。

大焦熱地獄に付設する16の小地獄

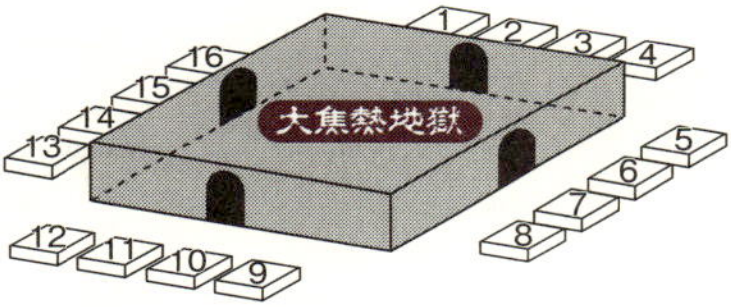

大焦熱地獄には東西南北にそれぞれ門があり、その外側に16の小地獄が付属する。

番号	地　獄	内　　容
1	一切方焦熱処	すべてが炎に包まれた空間で焼かれ続ける地獄。
2	大身悪吼可畏之処	全身の毛を肉ごと抜かれる地獄。
3	火髻処	肛門から侵入した虫に内臓や脳を食われる地獄。
4	雨縷鬘抖擻処	回転する鋸に切り裂かれる地獄。
5	吒々々齊処	暴風に吹き上げられてばらばらになった肉を鼠に食われる地獄。
6	雨沙火処	巨大な蟻地獄に飲み込まれる地獄。
7	内熱沸処	樹木の茂る火山を目指すと、暴風に巻き上げられ、火山の内部で焼かれる地獄。
8	普受一切資生苦悩処	皮膚を剥がされ、炎で焼かれる地獄。
9	鞞多羅尼処	熱い鉄の杖が降ってきて刺される地獄。
10	無間闇処	鋭いくちばしを持った虫に骨を噛み砕かれる地獄。
11	苦髻処	鉄のやすりで肉を削がれる地獄。
12	髮愧烏処	炉の中で焼かれる地獄。
13	悲苦吼処	逃げ込んだ先の林で、千の頭を持つ龍に噛み砕かれる地獄。
14	大悲処	おろし金のような床でこすられる地獄。
15	無非闇処	大釜で煮られたあと、肉団子にされる地獄。
16	木転処	沸騰した川で逆さ吊りにされ、巨大な魚に食われる地獄。

阿鼻地獄

苦しみが絶え間なく続くこれまで以上の暗黒世界

●絶え間のない苦しみ

八大地獄の最下層にある阿鼻《あび》地獄。ここが、地獄の行き止まりである。その規模は縦横高さ八万由旬と今までの地獄とは桁違《けたちが》いの大きさで、その苦痛も、ほかの七つの地獄の苦しみをすべて合わせたものより千倍以上も重いものである。阿鼻とはサンスクリット語で無間《むけん》を意味する。これまでの地獄では、責め苦で殺されてから活き返るその一瞬は苦しみから解放されるが、この地獄ではそれすらもない。苦しみが絶え間なく続くことから、阿鼻地獄と名づけられた。これほどの苦しみを受ける阿鼻地獄に堕ちるのは、今までの七つの地獄で述べられてきた殺生、窃盗、邪淫、飲酒、妄語、邪見、戒律を守る尼を犯す罪に加えて、父母を殺す、聖者を殺す、仏を傷つける、仏教教団の和合《わごう》を乱すという五逆罪を犯した者、仏の説く因果の道理を否定し、大乗の教えを誹謗《ひぼう》し、不当に信者の施《ほどこ》しを受けた者などである。

阿鼻地獄（部分）

地獄の最下層、阿鼻地獄。この地獄に堕ちた者は、前の７つの地獄の苦しみの1000倍以上もの苦痛を味わわされる。
（聖衆来迎寺蔵／京都国立博物館提供）

罪人の苦しみは、阿鼻地獄へと堕ちていくときから始まっている。一切が火炎に覆《おお》われる様相を目にして罪人は泣き叫ぶ。そこへ獄卒が「この苦しみは大海の中の一すくいの水にしか相当しない。これから受ける苦しみは大海のように果てしないものだ」と追い討ちをかける。そして阿鼻地獄の手前、二万五千由旬のところで、阿鼻地獄で責め苦にあう罪人が泣き叫ぶ声が聞こえ、罪人は恐怖に震え上がり、たまらず悶絶《もんぜつ》する。そして頭を下にした真っ逆さまの状態で二千年もの間、ひたすら恐怖の地獄へと向かい、堕ちていく。

想像できない恐怖

阿鼻地獄の城には、七重の城壁、七重の鉄

網が張り巡らされている。さらにその下には十八の隔壁があり、その周りを刀の林が囲んでいる。そして、体長が四十由旬もあり、毛孔から猛火を吹き出し悪臭を放つ四匹の銅の犬、羅刹《らせつ》・夜叉《やしゃ》のような恐ろしい形相をして、六十四の眼から鉄丸を飛ばす十八人の獄卒、毒を吐き、火を吹く八万四千の鉄の大蛇、八万四千のくちばしから火を放ち、雨のように降らせる五百億の虫が罪人を迎え、それらから間断《かんだん》のない苦しみが与えられる。

さらにそこへ、東西南北の四方から押し寄せる猛火が罪人の身体を焼き尽くす。炎は隙間なく燃え盛っているため、罪人の姿は見えず、ただ苦しみにあえいで泣き喚く声が響き渡るのみである。また獄卒は、罪人の口から舌を抜き出すと、あたかも牛の皮をなめすように何本もの釘を舌に打ちつけ、これを張り伸ばす。さらに熱い鉄の鋏《はさみ》で罪人の口を無理やり開かせると、熱した鉄の塊《かたまり》や煮えたぎった銅の液をその口の中へと押し込む。それらは罪人の喉《のど》から内臓を焼き、肛門から流れ出す。

これらは阿鼻地獄の苦しみのほんの一部であり、その本当の恐ろしさを知れば、誰もが恐怖のあまり血を吐いて死んでしまうという。この苦しみを、一中劫というほぼ無限と等しい長い期間にわたって受ける。そのため、阿鼻地獄に堕ちた罪人にとって、大焦熱地獄はまるで天上界《てんじょうかい》のようであり、そこに堕ちた罪人をうらやむほどであるという。

阿鼻地獄に付設する16の小地獄

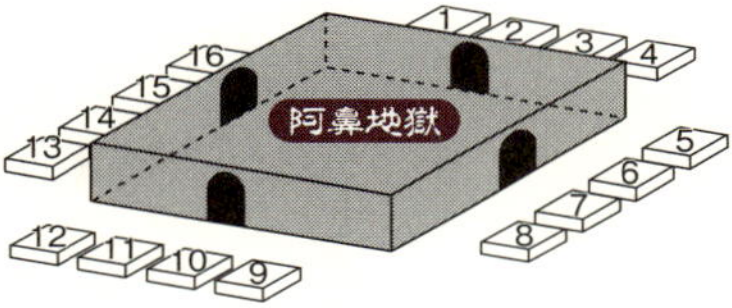

阿鼻地獄には東西南北にそれぞれ門があり、その外側に16の小地獄が付設する。

番号	地　獄	内　　容
1	烏口処	口を裂かれ、沸騰した泥の川に落とされる地獄。
2	一切向地処	回転させられながら炎で焼かれ、その後、灰汁で煮られる地獄。
3	無彼岸常受苦悩処	鉄の鉋で魂を抜かれ、その魂にとがった針を刺される地獄。
4	野干吼処	火を吐く野干(狐)に罪のある身体の部分を食いちぎられる地獄。
5	鉄野干食処	火の山で焼かれ、炎の雨に打たれて、炎の牙を持つ狐に食われる地獄。
6	黒肚処	飢えに苦しめられ、ついには自らの肉を食らってしまう地獄。
7	身洋処	激しく燃える二本の巨大な鉄の木の葉で身体が粉々にされ、金剛のくちばしを持つ鳥に身を食われる地獄。
8	夢見畏処	鉄の箱の中に座らされ、獄卒に杵でつかれて肉の塊にされる地獄。
9	身洋受苦処	高さ100由旬を越える高い木の下で、四百四の病苦に苦しめられる地獄。
10	雨山聚処	巨大な鉄の山に押しつぶされたり、獄卒に鉄棒で殴られたり、鉄の釜で煮たりされる地獄。
11	閻婆叵度処	刀によって裂かれ、飢餓に苦しめられ、そして象のように巨大な閻婆鳥に咥えられ、上空から落とされる地獄。
12	星鬘処	長時間釜で煮られ、無数の剣に身体をずたずたにされる地獄。
13	一切苦旋処	煮えたぎった銅を目に流し込まれ、熱砂で身体が擦り減らされる地獄。
14	臭気覆処	火の刀、火の矢で追われ、無数の針が生えた燃える網で捕らえられる地獄。
15	鉄鍱処	いくつもの炎に取り囲まれ、渇きに苦しめられる地獄。
16	十一焔処	鉄棒を持った獄卒に追われ、逃げても毒を持った蛇にかまれたり、炎で焼かれたりする地獄。

十王の裁き

十にも及ぶ審理の上で決まる死後の行き先

●裁きの場へと連れ出される死者

鎌倉時代、僧侶と一般庶民が密接な関わりを持つようになる中、そこで新たな地獄の世界が生み出された。その一つが、十王《じゅうおう》の裁きである。これは、死者の魂は十王による裁判を経て行き先が決まるというもので、その間に追善供養《ついぜんくよう》を行なえば、死者の罪が情状《じょうじょう》酌量《しゃくりょう》されると僧侶は説いた。

人間が死後、どのような経路で冥界《めいかい》をたどるかを詳細に解説した『十王経《じゅうおうきょう》』によると、人が死ぬとまず閻魔王《えんまおう》は「奪魂鬼《だっこんき》」「奪精鬼《だっせいき》」「縛魄鬼《ばくはくき》」という三人の獄卒を派遣する。死者はそれらの獄卒に連れられ、「死出《しで》の山」を七日間かけて越えなければならないが、その道は非常に険《けわ》しく、この間に身体中の皮膚が裂け、何度も転落して骨折するという苦痛を味わう。そして七日目、第一の法廷である秦広王《しんこうおう》のもとへとたどり着く。

秦広王の法廷では、五戒の審理が行なわれる。つまり、不殺生戒《ふせっしょうかい》、不偸盗戒《ふちゅうとうかい》、不邪淫《ふじゃいん》

十王と忌日

忌　日	十　王	本地仏
初七日（死後７日目）	秦広王	不動明王
二七日（死後 14 日目）	初江王	釈迦如来
三七日（死後 21 日目）	宋帝王	文殊菩薩
四七日（死後 28 日目）	五官王	普賢菩薩
五七日（死後 35 日目）	閻魔王	地蔵菩薩
六七日（死後 42 日目）	変成王	弥勒菩薩
七七日（死後 49 日目）	太山王	薬師如来
百箇日（死後 100 日目）	平等王	観音菩薩
一周忌（死後１年目）	都市王	勢至菩薩
三回忌（死後２年目）	五道転輪王	阿弥陀如来
七回忌（死後６年目）	蓮上王	阿閦如来
十三回忌（死後12年目）	抜苦王	大日如来
三十三回忌（死後32年目）	慈恩王	虚空蔵菩薩

中国で成立した十王信仰は、室町時代頃に日本においてさらに三仏が追加され、十三仏信仰となった。

戒《かい》、不妄語戒《ふもうごかい》、不飲酒戒《ふいんしゅかい》という、仏教徒が守るべき戒めがきちんと果たされているかが確認されるのである。二七日（死後十四日目）、第一の法廷での審理を終えた死者は、三途《さんず》の川を渡り、初江王《しょこうおう》が司る第二の法廷で、今度は殺生についての審問を受ける。三七日（死後二十一日目）、今度は宋帝王《そうたいおう》の第三法廷へと引き出され、邪淫の罪が問われる。

四七日（死後二十八日目）には、五官王《ごかんおう》の第四の法廷で裁きを受ける。ここでは亡者《もうじゃ》が生前に犯した殺生、窃盗、邪淫の罪に加え、妄語《もうご》、綺語《きご》、悪口《あっこう》、両舌《りょうぜつ》の罪が裁かれる。これらの罪を秤《はかり》にかけて重さを量り、この記録が閻魔王へと届けられる。

●すべてを見通す浄玻璃鏡

これらの王の裁きを経たうえで、五七日（死後三十五日目）、いよいよ閻魔王が待つ第五の法廷へとたどり着く。

閻魔王は、浄玻璃鏡《じょうはりのかがみ》という、亡者の生前の善業悪業を映し出す鏡を用いて亡者を審理する。ただし、ここでは判決は下されない。閻魔王の裁きを受けた亡者は、さらに先へと進み、六七日（死後四十二日目）、変成王《へんじょうおう》の司る第六の法廷へと向かう。ここでは三つの道が用意されており、どの道を行くか亡者自身が選ばされる。

浄玻璃鏡

亡者の生前の悪業がすべて映し出されるという鏡。
（浄福寺蔵／『十王図』閻魔王幅・部分）

ここを通過した亡者は、七七日（死後四十九日目）、太山王《たいざんおう》の第七の法廷に至る。ここでいよいよ判決が言い渡される。しかし、直接口頭で告げられるのではなく、亡者は六つの鳥居《とりい》の内、どの鳥居をくぐるかを自ら選択しなければならない。この鳥居の先につながるのは六道それぞれへの道であり、ここで来世が決定する。しかし、これらはあたかも亡者が来世を選んだかのように見えるが、実際は前世の罪によってすでに来世は決定されているのである。ただし、この第七の法廷で結審しない亡者もおり、それらの者はさらに先へと進む。死後百日目に平等王《びょうどうおう》、死後一年目に都市王《としおう》、そして死後二年目（三回忌）に五道転輪王《ごどうてんりんおう》の第十法廷を経て、結審する。

三途の川と奪衣婆

あの世に渡る川で待ち受ける鬼婆

●三途の川を渡る六文銭

三途《さんず》の川《かわ》といえば、人間がこれまでに生きていた世界「此岸《しがん》」と冥界《めいかい》「彼岸《ひがん》」の間に流れている川のことだ。これも、十王とともに設定されたものである。

秦広王の法廷で第一の裁きを受けた死者は、三途の川へと向かう。『十王経』によると、「葬頭川《そうずがわ》」、「三瀬川《みつせがわ》」という名称で呼ばれ、第一の法廷と第二の法廷の間を流れているという。

この三途の川には、渡る所が三か所ある。川の中流には、金銀七宝で作られた有橋渡《うきょうと》という橋が架けられており、この場所は善人のみが渡ることができる。川の上流は浅瀬となっており、山水瀬《やますいせ》という。水はひざ下までで流れもゆるやかであり、罪の浅い者がこの場所を渡ることができる。一方、川の下流は江深淵《こうしんえん》と呼ばれ、その流れは矢を射るように速く、波は山のように高く、川上より流れてきた石が死者の身体を打ち砕くという濁流渦

三途の川を渡る方法

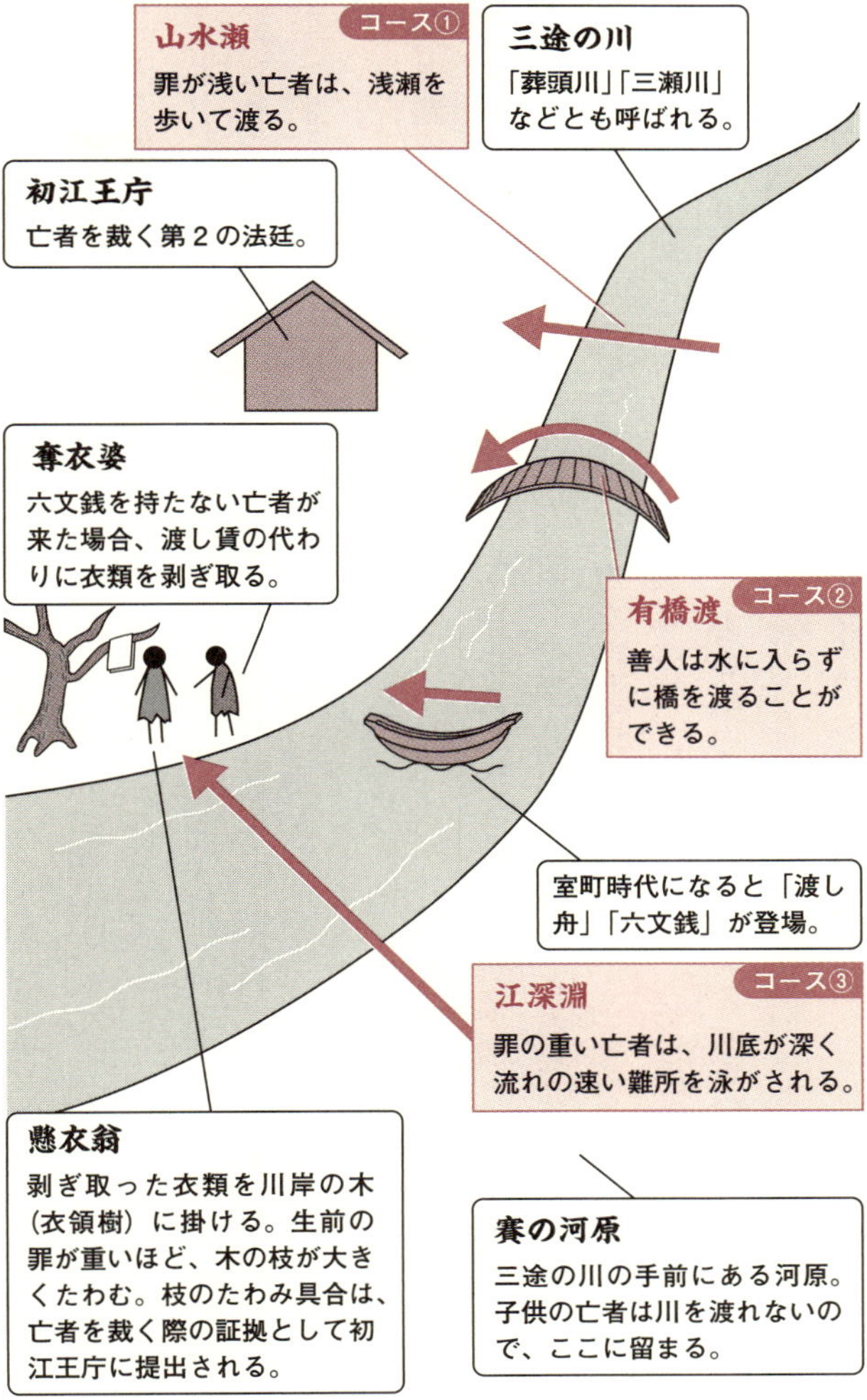
コース①
山水瀬
罪が浅い亡者は、浅瀬を歩いて渡る。
三途の川
「葬頭川」「三瀬川」などとも呼ばれる。
初江王庁
亡者を裁く第2の法廷。
奪衣婆
六文銭を持たない亡者が来た場合、渡し賃の代わりに衣類を剥ぎ取る。
コース②
有橋渡
善人は水に入らずに橋を渡ることができる。
室町時代になると「渡し舟」「六文銭」が登場。
コース③
江深淵
罪の重い亡者は、川底が深く流れの速い難所を泳がされる。
懸衣翁
剥ぎ取った衣類を川岸の木（衣領樹）に掛ける。生前の罪が重いほど、木の枝が大きくたわむ。枝のたわみ具合は、亡者を裁く際の証拠として初江王庁に提出される。
賽の河原
三途の川の手前にある河原。子供の亡者は川を渡れないので、ここに留まる。

巻く場所となっている。ここは極悪人が渡る場所である。しかし簡単に渡ることはできず、水底に沈めば大蛇に食われ、浮き上がれば鬼王夜叉《きおうやしゃ》に弓で射られてしまう。もし死んだとしても活き返らされ、再び苦しみを味わわされることになる。

室町時代になると、三途の川に渡し舟が登場する説話が描かれるようになり、その渡し賃は六文《ろくもん》とされた。そのため、死者が無事三途の川を渡ることができるよう、死者に六文銭を持たせる習俗が誕生した。

●衣服を剥ぎ取る鬼婆

前述のいずれかの方法で死者が三途の川を渡り終えると、衣領樹《えりょうじゅ》という巨樹が立つ場所にたどり着く。その下には老婆の姿をした懸衣嫗《けんえう》（奪衣婆《だつえば》）と老爺の姿をした懸衣翁《おう》の二鬼が住んでおり、川を渡ってくる死者を待ち構えている。

懸衣嫗は盗業を戒めるため、死者の両手の指をへし折り、懸衣翁は悪業を憎んで死者の頭と足を一つにせばめてしまう。さらに、懸衣嫗が死者の着ている衣を根こそぎ剥《は》ぎ取り、その衣を懸衣翁が衣領樹の枝に掛《か》ける。このとき、生前の罪が重いほど枝が大きくたわむといい、それが第二の法廷に証拠として提出されるのである。

三途の川の主な伝承地

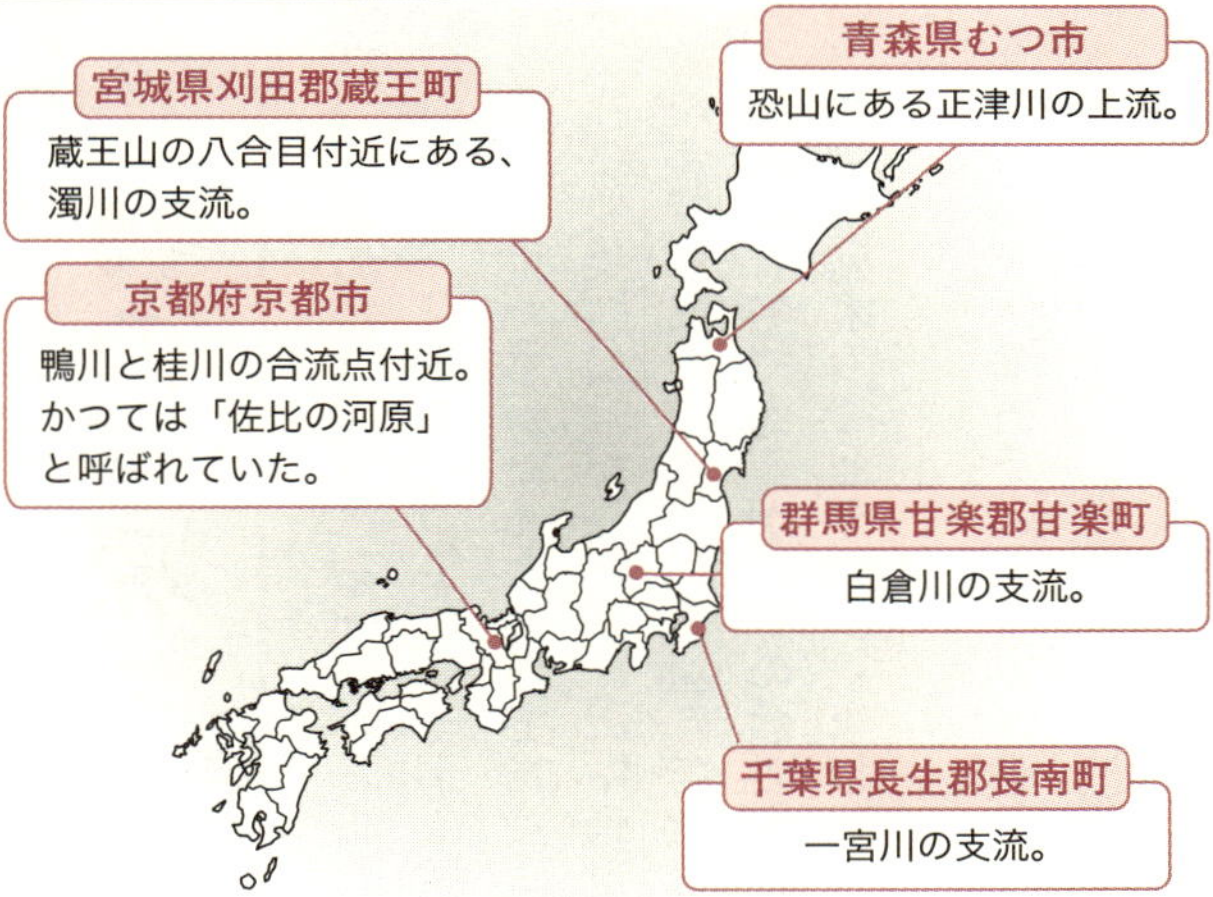
青森県むつ市
恐山にある正津川の上流。
宮城県刈田郡蔵王町
蔵王山の八合目付近にある、濁川の支流。
京都府京都市
鴨川と桂川の合流点付近。かつては「佐比の河原」と呼ばれていた。
群馬県甘楽郡甘楽町
白倉川の支流。
千葉県長生郡長南町
一宮川の支流。

ところが、日本でよく知られるところとなっている懸衣嫗や懸衣翁、三途の川といった話は、中国の経典には見ることができない。これらは日本独自の地獄観であるが、源信の『往生要集』には登場せず、平安時代後期に成立した『地獄十王経』で初めて説かれたものなのである。

この懸衣嫗の存在が人々の心を捉えたのか、さまざまな地獄絵に描かれた。その姿の多くは鬼の老女で表わされ、胸乳をはだけ、白衣を身にまとっている。一方、懸衣翁の存在はあまり一般には流布《るふ》しなかったようで、地獄絵で二人がペアで描かれているものはほとんどなく、また『法華験記《ほっけげんき》』など懸衣嫗のみが登場する文献も少なくない。

賽の河原

成仏できない子どもが堕とされる石積みの地獄

●先立つ不孝の罪で送られる「地獄」

賽《さい》の河原《かわら》は、三途の川の手前に広がる場所を指す。ここは、親に先立って亡くなり、成仏できない子供たちが赴《おもむ》くところであり、この世とあの世の中間にあるとされる。この世界も『往生要集』には記述がなく、中世以降に民間信仰から生まれた。

「一重組んでは父のため、二重組んでは母のため……」と、賽の河原における子供の様子を詠《うた》う和讃《わさん》が有名であるが、その歌の内容のように、子供たちは泣きながら河原の小石を拾い、両親や兄弟のことを偲《しの》び、恋しがっては生前に積めなかった功徳《くどく》を積むために石塔を作る。

しかし、石塔を築いたところに鬼が現われ、鉄棒で崩してしまう。これが永遠に続くとされるため、「石積みの地獄」ともいわれる。

するとそこへ彼らを憐《あわ》れんだ地蔵菩薩《じぞうぼさつ》が現われ、自分を冥土の父母と思うようにと語り、

矢田地蔵縁起

親に先立った不孝によって三途の川を渡らせてもらえない子供は、泣きながら石塔を作り続ける。そんな子供を憐れんで地蔵菩薩が現われ、子供を救うという。（奈良国立博物館蔵）

抱きよせて彼らを救うのだという。このように賽の河原は、地獄から衆生を救う地蔵菩薩信仰と非常に関わりの深いものとなっている。

一方、現世に残された両親は、賽の河原に堕ちた我が子を救うため、地蔵菩薩にすがりつく。

しかし、いくら地蔵菩薩といえども、どれがその子なのか見分けがつかない。そこで賽の河原にいる大勢の子供たちの中から地蔵菩薩が我が子を見つけてくれるよう、生前に我が子が愛用し、その匂いが染み付いたよだれかけを地蔵菩薩の胸にかけ、この匂いの子が我が子だと訴えるのである。

よく、地蔵菩薩によだれかけが掛けられて

いるのは、親が我が子を思うこうした愛情から生まれた信仰なのである。

●日本古来の葬制と相まって形成

この賽の河原の存在は、『西院《さいの》河原地蔵和讃』によって広く知られるようになった。これは、平安時代中期の僧で、民間における浄土教《じょうどきょう》の先駆者である空也《くうや》の作と伝えられるが、実際は空也の名を借りた後世の作で、地蔵菩薩信仰が急速に庶民に広まった室町時代の成立と考えられている。

じつはこの賽の河原については、仏教の経典には言及がなく、日本独自の地獄の世界観となっている。『法華経《ほけきょう》』方便品《ほうべんぽん》にある、童子《どうじ》が砂を集めて仏塔を作るくだりから連想されたとみられる『地蔵十王経』の記述や、鎌倉時代に成立した『地蔵和讃』などによって俗信が普遍化し、成立したと推定されている。

現在も新潟県佐渡《さど》市や青森県恐山《おそれざん》など各地に賽の河原と呼ばれる場所が残り、そこには地蔵菩薩像や積み重ねられた小石がある。これらの場所の多くは古来葬送地だったところで、賽が「塞」、つまり境目という意味を持つことから、この世とあの世をつなぐ境界と考えられていた場所が賽の河原に比定されていったのだと思われる。

西院河原地蔵和讃

これはこの世のことならず
死出の山路の裾野なる
西院の河原の物語
聞くにつけても哀れなり
二つや三つや四つ五つ
十にも足らぬみどり子が
西院の河原に集りて
父上恋し母恋し
恋し恋しと泣く声は
この世の声とは事変わり
悲しさ骨身を通すなり
かのみどり子の所作として
河原の石を取り集め
これにて回向の塔を組む
一重組んでは父のため
二重組んでは母のため
三重組んではふるさとの
兄弟我が身と回向して……

『西院河原地蔵和讃』は空也（903－972年）の作とも伝わるが、実際には室町時代に成立したと見られる。

賽の河原

栃木県那須町にある賽の河原。この世とあの世の境目の場所であると考えられており、このような場所が全国各地に点在している。

第一章
地獄の世界

血の池地獄

中国の『血盆経』から伝わった女性の地獄

●室町時代に伝来した『血盆経』

血《ち》の池《いけ》地獄とは、血の穢《けが》れによって女性が堕ちるとされた地獄のことで、中国で十世紀以降に選述された『血盆経《けつぼんきょう》』に書かれたものである。日本には室町時代に伝来した。当然、『往生要集』には記されていない。

『血盆経』によると、仏陀《ぶつだ》の弟子目連《もくれん》が、女性のみが苦しむ血盆池地獄を見て、獄主にその理由を問うた。

すると獄主は、女性が出産のときに流した血が地神《ちじん》を穢し、穢れた衣服を洗った川の水を人が知らずして汲《く》み、その水で茶を入れて諸聖に供え、不浄をもたらすがために堕ちるのだと説いた。

この背景には、仏教の女性差別思想、血を穢れと見なして忌《い》む観念があったと考えられる。本来、日本には血の穢れという観念はなく、血は豊穣《ほうじょう》をもたらすものとされていた

血の池地獄

血の池地獄は、出産や月経などによる血の穢れによって女性が堕ちるとされる。（『熊野勧心十界絵図（部分）』兵庫県立歴史博物館蔵）

という。それが九世紀に入ると、月経《げっけい》のときには神事を避けるべきであると忌まれるようになり、十世紀には貴族女性の間に浸透した。

十三世紀頃になると、山を神の場所と見なす山岳信仰が広まる地域において、女性そのものを穢れと見なすようになり、貴族女性の間では、女性は障《さわ》りが多く成仏《じょうぶつ》できないという考えが広まった。

こうした血の穢れと女性を不浄とする思想をさらに深化、浸透させたのが『血盆経』の伝来であった。

『血盆経』は出産時の血の不浄を説いていたのだが、血を忌む日本古来の思想と結び付き、月経の血の不浄が強調された。民衆の間にも女性を不浄と見なす考えを固定化させる一因にもなっていった。

●『血盆経』信仰による救済

しかしその一方で、血の穢れを理由として地獄に堕ちた女性を救済するための信仰も発展した。

『血盆経』によると、目連が母の出産の恩に報いるため、どうすれば血の池地獄に堕ちた女性たちを救うことができるのかと獄主に問いた。

すると獄主は、子供が三宝《さんぼう》（仏《ぶっ》・法《ぽう》・僧《そう》）を敬《うやま》い、僧を招いて血盆勝会を三年催し、そこで『血盆経』を転読すれば、池に蓮華が現われて女性は救われると答えた。また女性が『血盆経』を書写し、それを所持すれば、過去、現在、未来の母親は天に生まれ変わり、衣食も長寿も富貴も享受できるのだという。

この信仰がとくに盛んになったのは十五世紀以降のことで、寺院では『血盆経』を池や川に投げ入れ、母親や近親の女性を追善供養するという儀礼も行なわれるようになった。また、現世に生きる女性たちも極楽への往生を願い、『血盆経』の書写を行なうようになったのである。

血の池地獄の関連地

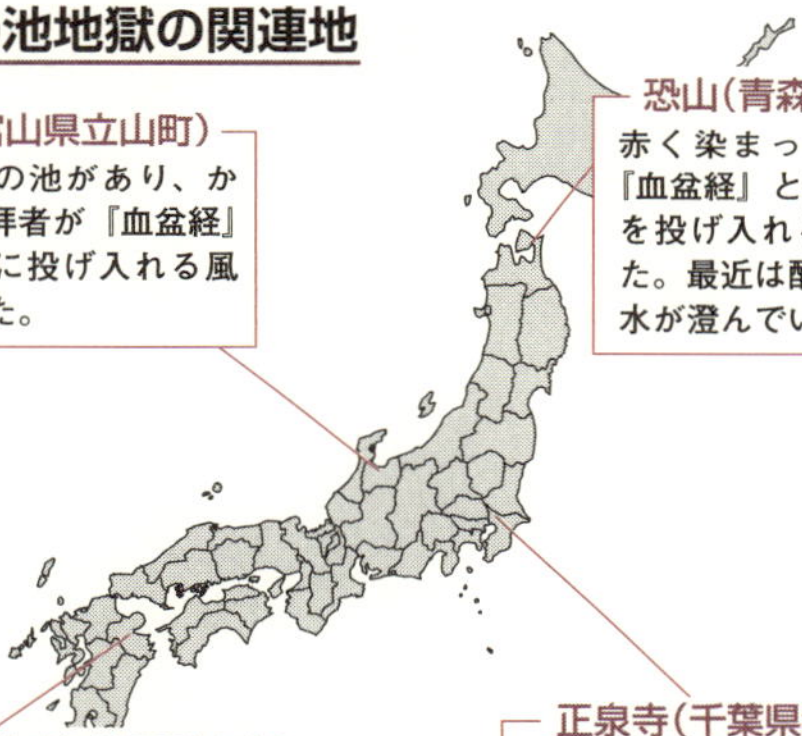

立山(富山県立山町)
山中に血の池があり、かつては登拝者が『血盆経』を血の池に投げ入れる風習があった。

恐山(青森県むつ市)
赤く染まった血の池に、『血盆経』と記された護符を投げ入れる風習があった。最近は酸化鉄が減り、水が澄んでいるという。

別府温泉(大分県別府市)
「別府地獄巡り」の1つとして、『豊後国風土記』や『万葉集』にも記された、赤銅色の「血の池地獄」がある。

正泉寺(千葉県我孫子市)
北条時頼の娘・法性尼の開基とされ、応永年間(1394-1428年)に、法性尼の霊のお告げで手賀沼から『血盆経』を得たとされる。

血の池地獄(恐山)

血の池地獄信仰は江戸時代に発展した。現代でも、各地の山に血の池地獄が残る。

こらむ・諸宗教の他界観②

イスラム教の天国と地獄

イスラム教では、キリスト教と異なり、死後、すぐに魂が天国や地獄に向かうのではなく、まずバルザフと呼ばれる冥界に向かい、そこで最後の審判《しんぱん》の時を待つのだとされる。

この世の終わりが訪れるとき、死者は生前と同じ姿で復活し、最後の審判を受ける。そしてアッラーの裁きにより、天国であるジャンナか地獄であるジャハンナムへと送られるのである。

コーランによると、ジャンナには美しい川がいくつも流れている。それは絶対に腐ることのない水、味の変わらない乳、美味しい酒、蜜などからなる。イスラム教では飲酒は厳禁であるが、ここではいくら酒を飲んでもよく、その酒はどれだけ飲んでも酔うことはないという。またそこには絶世の美女たちが待ち受けており、彼女たちが身の回りの世話をしてくれる。

一方のジャハンナムは、酷暑の砂漠よりも熱い業火《ごうか》が燃え盛る世界として描かれる。

地獄の門をくぐった者は、まずその業火に焼かれる。しかし皮が焼き切れる前に新たな皮が再生し、幾度もその苦しみを味わされるという。

また、ジャハンナムの底にはザクームの木が生えており、その実は悪魔の頭のような形をしている。罪人たちはその実を腹が破れるほど食べさせられ、そのうえ熱湯を飲まされるという苦しみを余儀なくされるのである。

苦しみに耐えかね、いっそのこと死んでしまいたいと思うほどであるが、決してそれは許されない。

罪人たちは絶望の中で、永遠に責め苦を受け続けるのである。

第二章

地獄の信仰

第二章
地獄の信仰

黄泉国

日本最古の歴史書『古事記』に描かれた死後の世界

神話が伝える古代日本の死生観

古来、日本の死生観は、仏教の極楽浄土《ごくらくじょうど》や地獄《じごく》といった観念とは異なるものだった。それを端的に伝えるのが、日本の成り立ちを記した最古の歴史書『古事記《こじき》』である。そこには、死後の世界として黄泉国《よもつくに》が登場する。

『古事記』をひも解いてみると、日本の国土を産んだ伊邪那岐命《いざなぎのみこと》と伊邪那美命《いざなみのみこと》の夫婦神は、その後多くの神々を誕生させたが、火の神を産んだことで女陰《にょいん》に深手《ふかで》の火傷《やけど》を負った伊邪那美命が命を落としてしまう。

その伊邪那美命が赴《おもむ》いた国が、黄泉国である。その後、伊邪那岐命は妻恋しさに黄泉国を訪れるが、そこにいたのは腐敗して蛆《うじ》がたかり、身体から八柱《やはしら》の雷神《らいじん》が生成された、すっかりと変わり果てた姿となった妻だった。

驚き、恐れた伊邪那岐命は慌てて逃げ出し、黄泉国と地上世界との境界にある黄泉比良《ひら》

黄泉国神話

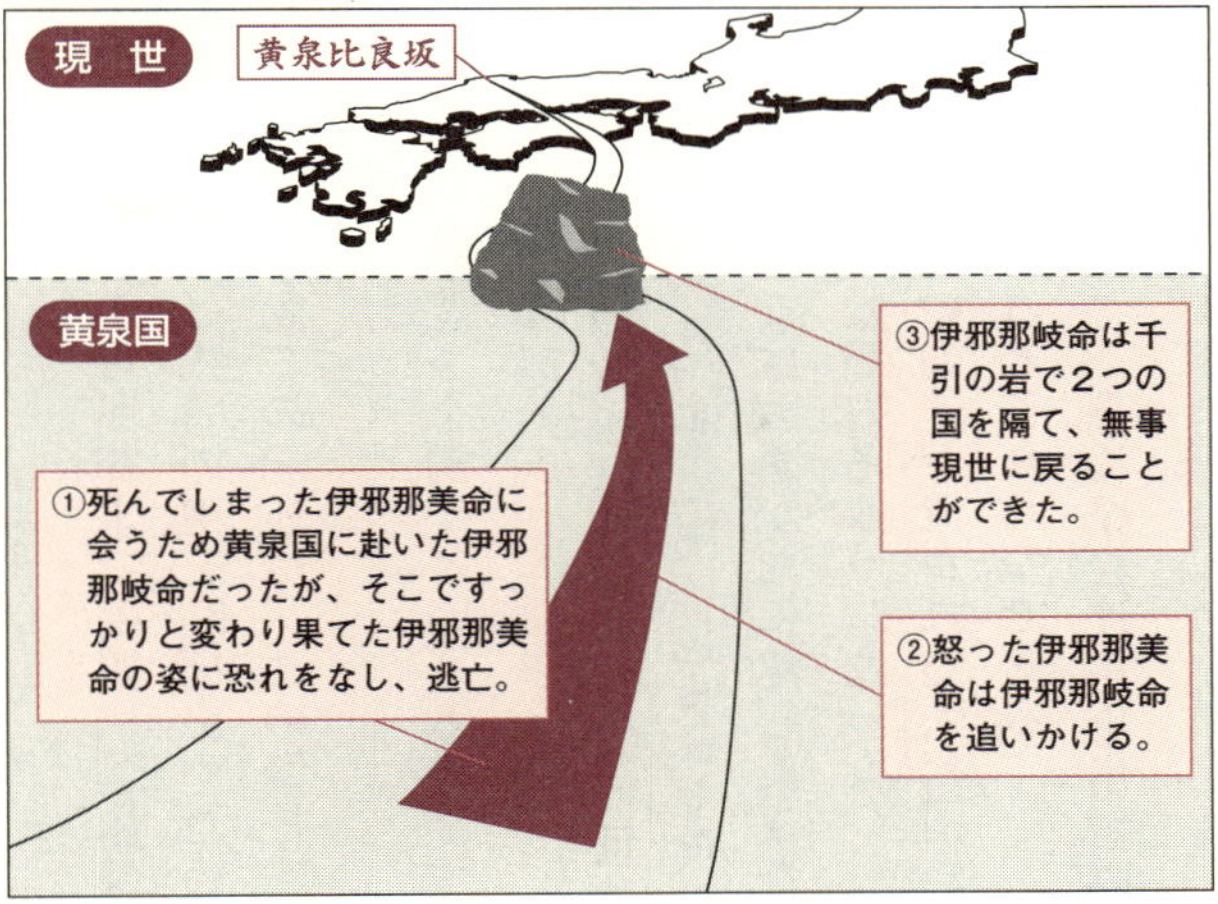
現　世
黄泉比良坂
黄泉国
③伊邪那岐命は千引の岩で2つの国を隔て、無事現世に戻ることができた。
①死んでしまった伊邪那美命に会うため黄泉国に赴いた伊邪那岐命だったが、そこですっかりと変わり果てた伊邪那美命の姿に恐れをなし、逃亡。
②怒った伊邪那美命は伊邪那岐命を追いかける。

坂《さか》へと至ると、そこに千引《ちびき》の岩を置き、二つの国を隔てた。

これが、『古事記』による冥界譚《めいかいたん》である。

暗黒の黄泉国

中国では黄泉は冥界を指し示す言葉として捉《とら》えられていたが、『古事記』では、黄泉国はこの世の地である葦原中《あしはらのなか》つ国《くに》の国土とつながっており、生きている者が歩いて行くことができる場所であった。

この思想の背景には、古代の葬送儀礼と関わりがあると考えられている。

原初の時代には風葬《ふうそう》が行なわれ、遺体は山中や洞窟などにそのまま置かれた。これらの場所が、黄泉国とつながっていると考えられたのである。

また、死んでから埋葬までの間、遺体は安置されたが、この期間は生死が定まらないと考えられ、人々は死者の魂を呼び戻すための儀礼を行なったという。伊邪那美命が腐敗したとする『古事記』の記述は、この儀礼における遺体の様子を表わしたものだともいわれている。

やがて死霊が悪さを働くという考えが生まれると、人々は遺体を土の中に埋める土葬を行なうようになる。

すると、死後の世界は地中の暗黒の世界であると考えられるようになった。黄泉国は「夜見《よみ》」の国であり、常に闇に包まれた夜の世界となったのである。

そして、地上では太陽が西に沈むと夜が訪れることから、死者の世界は日の没する西の彼方にあると見なされるようになった。

とくに、当時の朝廷が置かれた大和国《やまとのくに》から見て西の方角に位置する出雲国《いずものくに》が、死者の世界との境界であるとされたのである。

その一例として、島根県松江市東出雲町揖屋《いふや》には、『古事記』に登場する黄泉比良坂があったと考えられている。

古代の死後の世界

黄泉比良坂

島根県松江市東出雲町にある黄泉比良坂は、この世と黄泉国の境界にあるとされる。

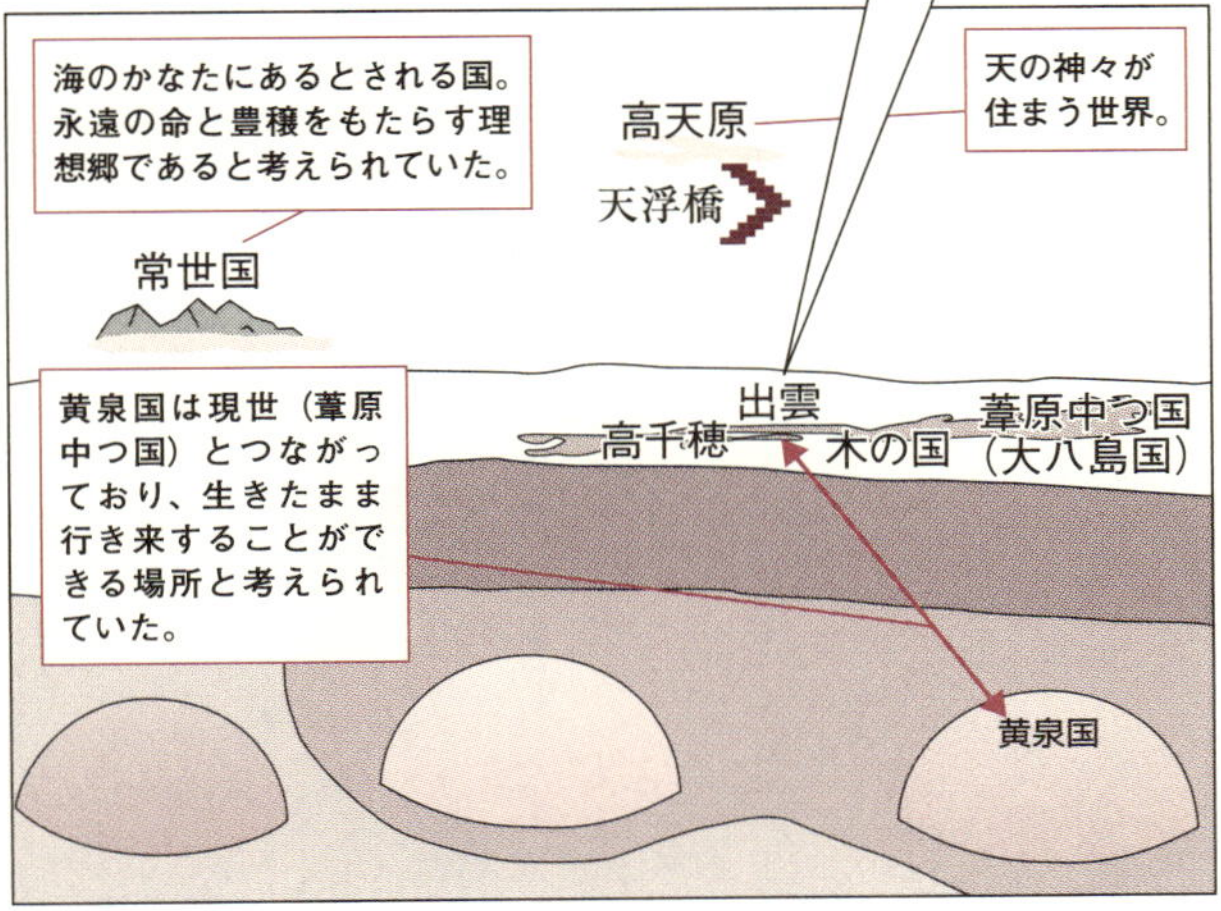
海のかなたにあるとされる国。永遠の命と豊穣をもたらす理想郷であると考えられていた。
常世国
高天原
天の神々が住まう世界。
天浮橋
出雲
高千穂
木の国
葦原中つ国（大八島国）
黄泉国は現世（葦原中つ国）とつながっており、生きたまま行き来することができる場所と考えられていた。
黄泉国

地獄蘇生譚

罪を許され地獄から舞い戻った人々

●地獄から無事生還を果たした人々の説話

平安時代初期にあたる九世紀前半、日本で初めての仏教説話集『日本国現報善悪霊異《にほんこくげんほうぜんあくりょうい》記《き》』（以下、『霊異記』）が薬師寺《やくしじ》の僧景戒《けいかい》によって著わされた。そこには地獄《じごく》を訪れた人々が罪を許されて生還し、そして自分が見聞きした地獄の様子を語るという話が多く収録されている。

これらの説話をひも解いていくと、『往生要集《おうじょうようしゅう》』以前、日本では地獄がどのような場所として考えられていたのかがよくわかる。

僧智光《ちこう》による地獄蘇生譚《そせいたん》を見てみよう。

智慧《ちえ》第一の学僧として名を馳《は》せていた鋤田寺《すきたでら》の智光は、時の聖武《しょうむ》天皇が自分ではなく行基《ぎょうき》を僧綱《そうごう》の最高位である大僧正《だいそうじょう》に任じたことに嫉妬《しっと》し、それを誹謗《ひぼう》した。それから間もなく智光は重い病に罹《かか》り死んでしまう。

『霊異記』の概要

正式名称	『日本国現報善悪霊異記』
成　立	822年頃(薬師寺の僧景戒によって成立)
収録内容	上中下の3巻構成で116話を収録した日本最古の説話集。 雄略天皇期から奈良時代までの説話を収める。 地域は東は上総国から西は肥後国まで約37か国、登場人物は貴族・僧侶から一般庶民までと幅広い。 現世で積んだ善行と悪行の結果によって善い報い、悪い報いがあるという「現報善悪」の理を説話で示し、善行による極楽往生を説く。
特　徴	地獄からの生還や輪廻転生など、奇跡や怪異についての話が多い。

智光は臨終《りんじゅう》の際、死後九日間は自分の死を他人に漏《も》らさず、決して荼毘《だび》（火葬）に付《ふ》さないようにと弟子に告げていた。九日後、不思議なことに蘇《よみがえ》った智光は、死後、自らの身に何が起こったかを弟子たちに語った。

それによると、智光は閻魔王《えんまおう》の使いに連れられて西に向かった。行基菩薩《ぼさつ》が現世《げんせ》での寿命を終えたあとに行く黄金の宮殿を見ながら、自らは猛烈な熱気を放つ地獄に連れて行かれる。そこで智光は熱い鉄の柱を抱かされたため、肉はただれ、骨だけとなってしまうが、三日後、使者が「活《い》き返れ、活き返れ」と称《とな》えると元通りの姿となった。さらに熱した銅の柱を抱かされ、また阿鼻《あび》地獄で火に焼かれ、釜で煮られたが、いずれも三日で元の姿に戻される。行基を誹謗した罪を贖《あがな》うために地獄に召されたと知らされた智光は、九日間の責め苦の末に罪を滅することができ、無事に地獄から生還できたのだった。

●黄泉国の観念と仏教的他界観の混在

そのほかにも地獄に堕《お》ちた妻を訪ねた夫に対し、閻魔王が、「お前には罪はないのだから家に帰れ。ただし黄泉で見聞きしたことをみだりに話してはならない」といった話や、閻魔王の使いの鬼に賄賂《わいろ》を渡し、食事を饗応《きょうおう》したところ、地獄に行くことを逃れることができたという話も伝わる。ここで死者の国を「黄泉」と表わしていることから、『霊異記』の時代には、仏教伝来以前に日本に存在していた黄泉国の観念と仏教的他界観《たかいかん》とが混在していたことがわかる。

また『霊異記』で語られる地獄の責め苦は非常に単純なものであり、高温に熱された鉄や銅の柱を抱かされる、身体を鉄釘《てつくぎ》で串刺しにされる、身体に鉄釘を打ち込まれる、鉄の鞭《むち》で打たれる、釜ゆでにされるといった程度にとどまる。のちに源信《げんしん》が『往生要集』で示した地獄の恐ろしさを感じ取ることはできない。そして智光の話にも見えるように、地獄の場所は、現実世界や極楽と水平に接続して並んでいると考えられていたようだ。

『霊異記』に見える、地獄を語る人々

〈智光の蘇生譚〉

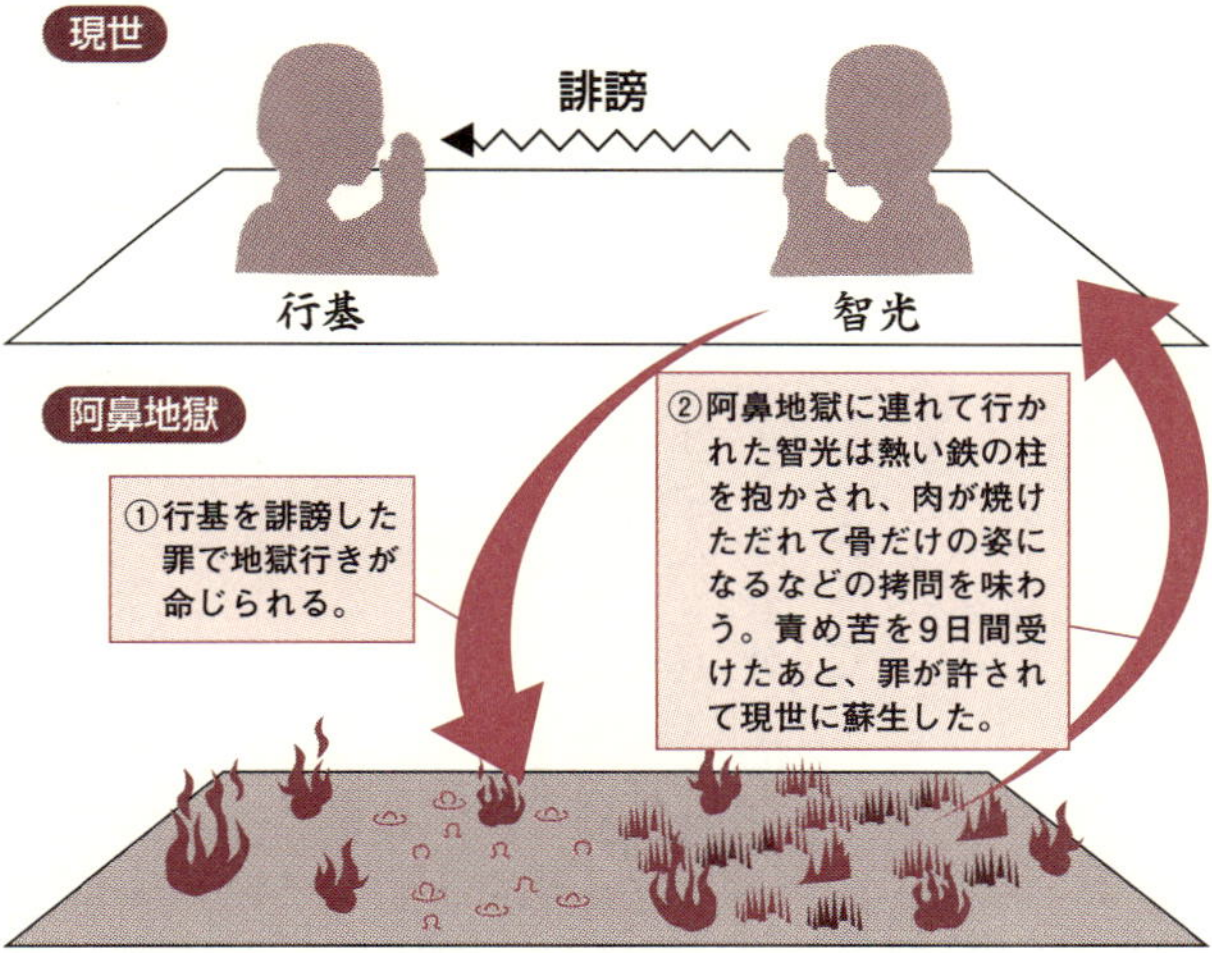
現世
誹謗
行基
智光
阿鼻地獄
①行基を誹謗した罪で地獄行きが命じられる。
②阿鼻地獄に連れて行かれた智光は熱い鉄の柱を抱かされ、肉が焼けただれて骨だけの姿になるなどの拷問を味わう。責め苦を9日間受けたあと、罪が許されて現世に蘇生した。

〈鬼を接待して地獄行きを免れた人〉

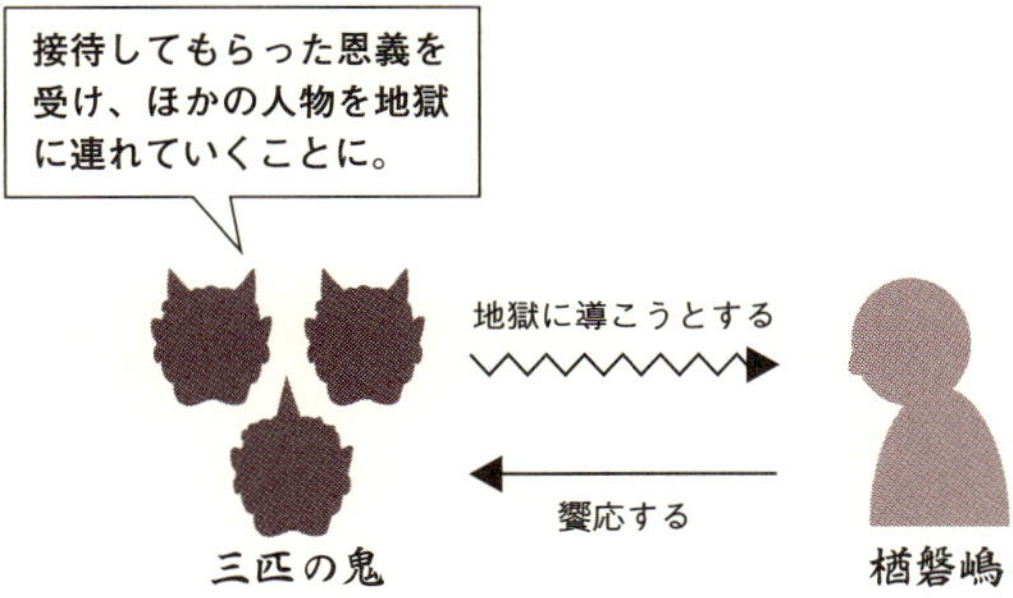
接待してもらった恩義を受け、ほかの人物を地獄に連れていくことに。
地獄に導こうとする
饗応する
三匹の鬼
楢磐嶋

『霊異記』には数々の地獄の話が収められており、生前の因業の結果、地獄に堕ちるという因果応報観が現われているところに特徴がある。

念仏功徳

念仏のおかげで地獄から救われた往生者の伝記

妻の思いが夫を救う

地獄に堕ちた人々が救われることはないかといえば、そんなことはない。『往生要集』は、念仏を称えたおかげで地獄に堕ちた人々が救われたという話をいくつか紹介している。『優婆塞戒経《うばそくかいきょう》』から引用した物語は、家族への愛情に満ちた救済譚である。広利《こうり》という人物は殺生《せっしょう》や狩猟を好み、また大酒を飲んで肉を食べるという乱れた生活を続けていた。一方でその妻は信心深い女性で、日頃から仏の教えと十の戒律《かいりつ》を守って生活していた。

ある日妻は広利に、今の生活を続けていれば、死後、地獄で苦しむことになり、天界《てんかい》で自分とともに暮らすことができないとして怠惰《たいだ》な生活を改めるよう懇願《こんがん》した。しかし広利は、地獄に堕ちても構わないと答える始末だった。そこで妻は妥協案として「せめて近くの寺の鐘の音が聞こえてきたときには、必ず指を三回鳴らしてから仏の名を一度称えて欲しい」と求めた。広利は妻のこの願いを聞き入れ、その教えに従った。そして十二年後、

念仏の種類

観想念仏

仏や菩薩の姿・形、仏や菩薩が与えてくれる功徳を心の中に思い浮かべるもの。奈良時代から平安時代中期にかけて盛んだった。

称名念仏
南無阿弥陀仏……

仏の名を口に称えること。阿弥陀如来が一般的。平安時代中期に空也や源信が現われたことで盛んとなり、鎌倉時代に登場した法然や親鸞、一遍らによって一般民衆に広く伝わった。

妻は亡くなり、忉利天《とうりてん》に生まれ変わった。その三年後、広利も寿命が来て閻魔王のもとに出向くが、日頃の不摂生な生活を非難され、地獄行きが決定した。

ところが、広利が地獄の門をくぐろうとしたときのことである。どこからともなく鐘の音が聞こえてきた。広利は長年続けてきた通りに三度指を鳴らして仏の名を称えた。すると、その澄み切った声を聞いた閻魔王は広利を誤って裁いてしまったことに気づき、すぐさま地獄の鬼を遣《つか》わせて広利を天界へと送り届けたのである。広利は天界で妻と再会することができ、妻に感謝をするとともに、悟《さと》りを得るまでは妻の教えを守ることを誓ったのであった。

●地獄の罪人を救済

『譬喩経《ひゆきょう》』から引用したという話は、地獄の罪人を救い出した僧侶の物語である。

修行によって高い徳《とく》と神秘の力を得た僧侶は、遠くを見通す力によって母が地獄にいることを知り、何とかして地獄から母を救いたいと考えた。そんなとき、ある国の王があと七日の命で、母と同じ地獄に堕ちる運命であることが分かった。そこで僧侶は、王の寝室に忍び込み、壁を壊して半身のみを王の前に現わした。これに恐れた王は一刀のもとに僧侶の頭を切り落としたが、切ったはずの僧侶の頭が元のようについていたのである。僧侶がただ者ではないことを思い知った王が謝罪すると、僧侶は、王が実の父親を殺した罪で地獄に堕ちること、自分が王を救いにきたことを告げた。そして王に七日間ひたすら「南《な》無《む》仏《ぶつ》」と称え続けることで罪を免れることができると伝えたのである。

王は僧侶の教えを守り昼夜を問わず「南無仏」と称え続けた。七日後、王は亡くなり、その魂《たましい》は地獄へと向かった。そして王の魂が地獄の門前で「南無仏」と称えると、それを聞いた地獄の罪人たちも同じように「南無仏」と称えた。すると地獄の苦しみがただちに薄らいでいったのである。この状況を見た僧侶はすかさず罪人たちに教えを説き、これによって僧侶の母、王はもちろん、地獄の罪人たちも、みな悟りを開くことができたという。

念仏の進展と伝来

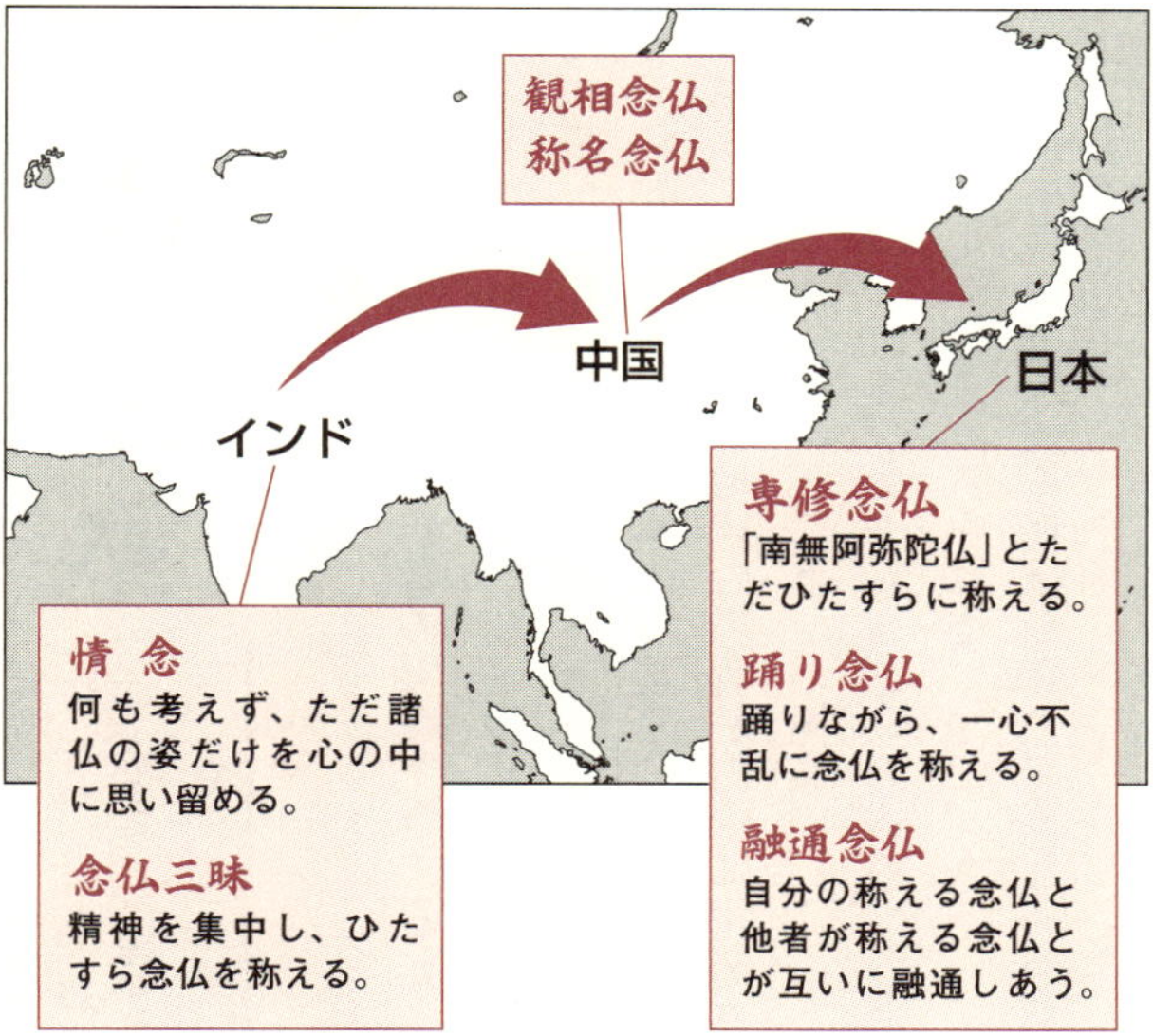

観相念仏
称名念仏
中国
日本
インド
情　念
何も考えず、ただ諸仏の姿だけを心の中に思い留める。
念仏三昧
精神を集中し、ひたすら念仏を称える。
専修念仏
「南無阿弥陀仏」とただひたすらに称える。
踊り念仏
踊りながら、一心不乱に念仏を称える。
融通念仏
自分の称える念仏と他者が称える念仏とが互いに融通しあう。

宗派によって異なるお称え

宗　派	お　称　え	意　　味
浄土教系	南無阿弥陀仏	「阿弥陀如来」に帰依します。
日 蓮 宗	南無妙法蓮華経	『妙法蓮華経（法華経）』の教えに帰依します。
真 言 宗	南無大師遍照金剛	弘法大師に帰依します。「大師」は空海、「遍照金剛」は空海の灌頂名。
禅　　宗	南無釈迦牟尼仏	釈迦如来に帰依します。

「南無」はもともとはサンスクリット語の「ナマス」を音写したもの。心からの帰依を表わす語として用いられる。「南無」のあとにそれぞれの宗派が信奉する対象のものが入る。

山岳地獄

死者の霊が集まるという山岳信仰と立山

山岳地獄の形成

日本には、古来、山には死者の霊魂が集まるとする山岳《さんがく》信仰があった。

古代の日本人は、死後、その霊魂は肉体から離れて立派な山へ登り、山の不思議な力によって祖霊へと浄化され、山神へと昇華すると考えていたのである。

そして仏教が伝来し、日本に浸透していくに伴って、もともと根付いていた他界観に仏教の地獄観が結び付き、地獄の場所が山中に比定《ひてい》されるようになった。この場所で霊魂が罪を償《つぐな》い、魂が浄化されることで、極楽《ごくらく》に行くことができると考えられるようになったのである。とくに、白煙がもうもうと立ち込めていたり、熱湯が勢いよく吹き出すといった火山性の山が地獄に見立てられていった。

現在も日本の山々に残る地獄や賽《さい》の河原《かわら》といった名称を見れば、その信仰の深さがうかがい知れる。

山岳地獄と立山

・神の御霊や死者の精霊が山中に宿るとする、日本古来の山岳信仰。
・山中に死者を弔う風習。

仏教による地獄観の伝来。

融合

山中に地獄があるとする山岳地獄信仰の成立。

日本三霊山
富士山（山梨県・静岡県）
立山（富山県）
白山（石川県）

[立山に連なる高峰群]

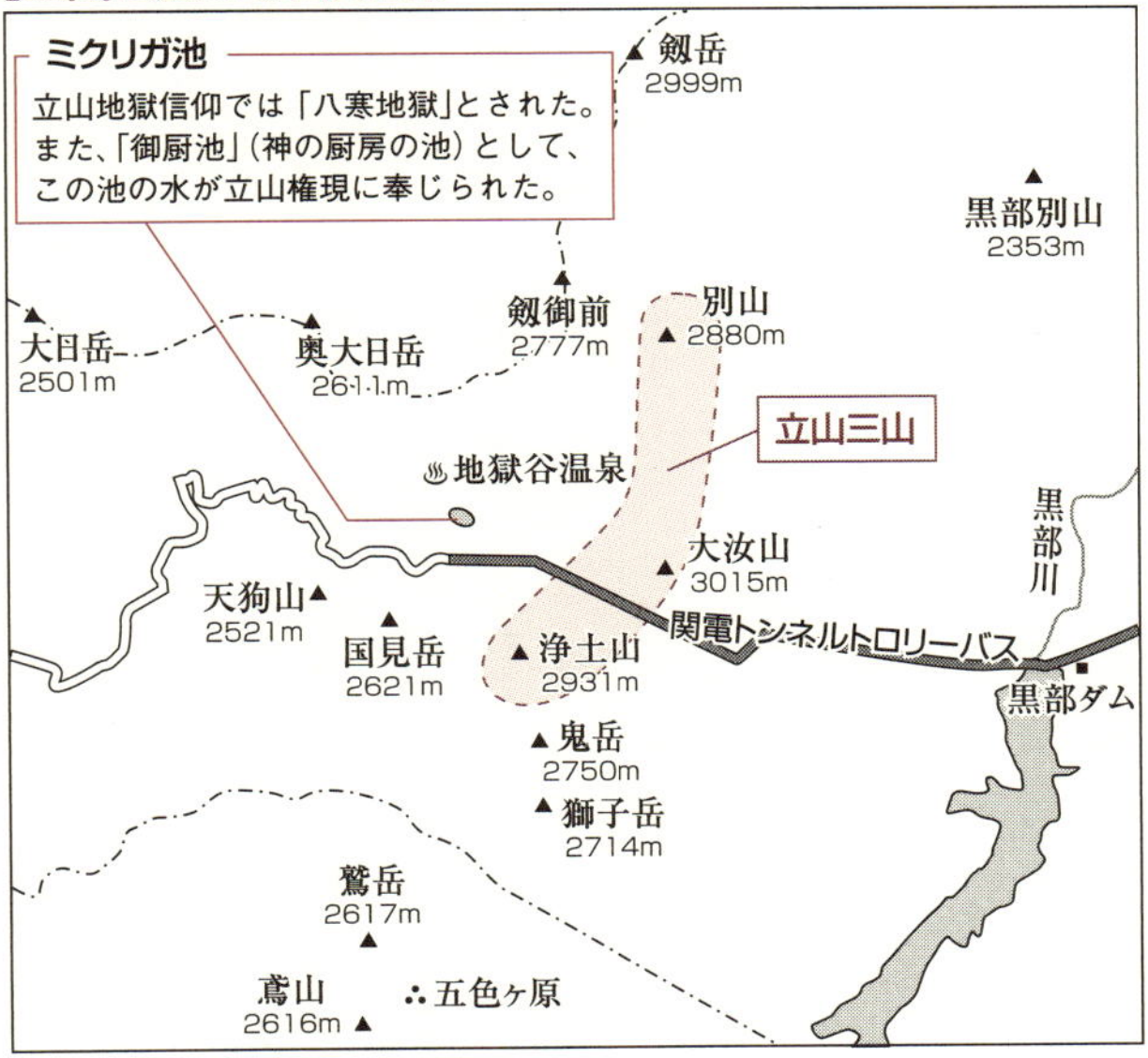
ミクリガ池
立山地獄信仰では「八寒地獄」とされた。
また、「御厨池」（神の厨房の池）として、
この池の水が立山権現に奉じられた。
剱岳
2999m
黒部別山
2353m
剱御前
2777m
別山
2880m
大日岳
2501m
奥大日岳
2611m
地獄谷温泉
立山三山
黒部川
大汝山
3015m
天狗山
2521m
国見岳
2621m
浄土山
2931m
関電トンネルトロリーバス
黒部ダム
鬼岳
2750m
獅子岳
2714m
鷲岳
2617m
鳶山
2616m
五色ヶ原

●霊と現世をつなぐ立山地獄

その山岳地獄の代表的なものが、三千メートル級の高峰が連なる富山県の立山《たてやま》である。古くは『万葉集《まんようしゅう》』巻十七に収められている大伴家持《おおとものやかもち》と大友池主《おおとものいけぬし》の歌によって立山が霊山として崇《あが》められていたことが分かり、平安時代には修験者《しゅげんじゃ》たちによって独自の山岳信仰の場が形成されていったという。

その一方で、火山活動の影響で形成されたミクリガ池、血の池などの火口湖や地獄谷を取り巻く荒涼とした岩峰群が織り成す不気味な空間が地獄に見立てられるようになり、立山地獄の信仰が生まれたのではないかとされている。

平安時代の長久《ちょうきゅう》年間（一〇四〇―四四）に成立した『大日本国法華経験記《だいにほんこくほっけきょうげんき》』には「日本国の人、罪を造れば、多く堕ちて立山の地獄にあり」と記され、すでにこの頃から立山地獄の存在が知られていたことが分かる。

そして平安時代末期の仏教説話集である『今昔物語集《こんじゃくものがたりしゅう》』と立山信仰を網羅的《もうらてき》に描いた掛軸『立山曼荼羅《まんだら》』によって、立山地獄の存在が広く一般に流布《るふ》することになった。

『今昔物語集』は立山地獄について三話を収録している。たとえば、母の所在を求めて立山に登った三人の息子が、激しく炎の吹き出す噴火口に至ると、地獄に堕ちて責め苦を受

立山地獄

立山はその特異な景観から地獄に見立てられ、死者の魂が集う霊場として信仰を集めていった。

けている母の叫び声が、その場所から聞こえたという。

こうした説話が遊行僧《ゆぎょうそう》などによって全国で流布されるにつれ、立山地獄は死者の霊と出会い、その声を聞くことができる霊場として多くの参詣者を集めるようになった。

さらに立山信仰の内容が描かれた『立山曼荼羅』は、江戸時代には『立山絵伝』あるいは『開山《かいざん》之《の》行状《ぎょうじょう》之《の》御絵伝《ごえでん》』と呼ばれ、絵解《えとき》講《こう》として用いられた。その内容は主に立山開山縁起《えんぎ》、立山地獄、立山浄土、立山登山案内で、地獄の観念を説くかたわら、『法華経』の書写や読誦《どくじゅ》などにより亡者《もうじゃ》は生前の罪を免れ、地獄ではなく極楽に行くことができると説かれた。

第二章
地獄の信仰

地蔵菩薩信仰

地獄に堕ちた衆生の唯一の救世主

●地獄から救済する地蔵菩薩

『往生要集』の成立、流布によって恐ろしい地獄観が日本人に植え付けられる一方で、そんな地獄の世界から救済してくれる仏として平安時代後期に庶民から篤《あつ》い崇敬《すうけい》を受けるようになったのが地蔵菩薩《じぞうぼさつ》である。

地蔵はサンスクリット語の「クシティガルバ」からきた「大地の蔵」という意味で、あらゆる生物を育む豊かな大地のような偉大な功徳《くどく》を持つところから命名された。

地蔵信仰はもともとインドで生まれたもので、中国の隋《ずい》・唐《とう》の時代に発展したといわれる。

『地蔵菩薩本願経』によると、釈迦入滅《しゃかにゅうめつ》後、五十六億七千万年後に弥勒《みろく》菩薩が仏としてこの世に出現するまでは無仏《むぶつ》の世界にあたる。

そこで地蔵は仏となって浄土《じょうど》に至る道を選ばず、菩薩としてこの世に留まり、衆生《しゅじょう》の救済にあたることを選択したとされる。

地蔵菩薩の役割

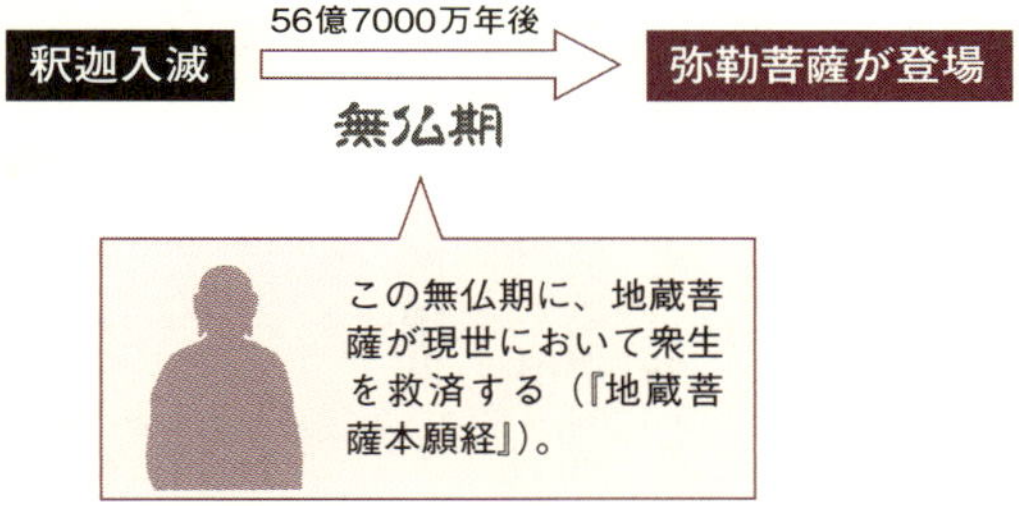
56億7000万年後
釈迦入滅
弥勒菩薩が登場
無仏期
この無仏期に、地蔵菩薩が現世において衆生を救済する（『地蔵菩薩本願経』）。

釈迦が入滅し、弥勒菩薩が現世に現われて衆生を救済するまでの56億7000万年間は仏がいない時代とされる。地蔵菩薩はこの期間、苦しむ衆生を仏道に導き、救ってくれる。

地蔵菩薩信仰の変遷

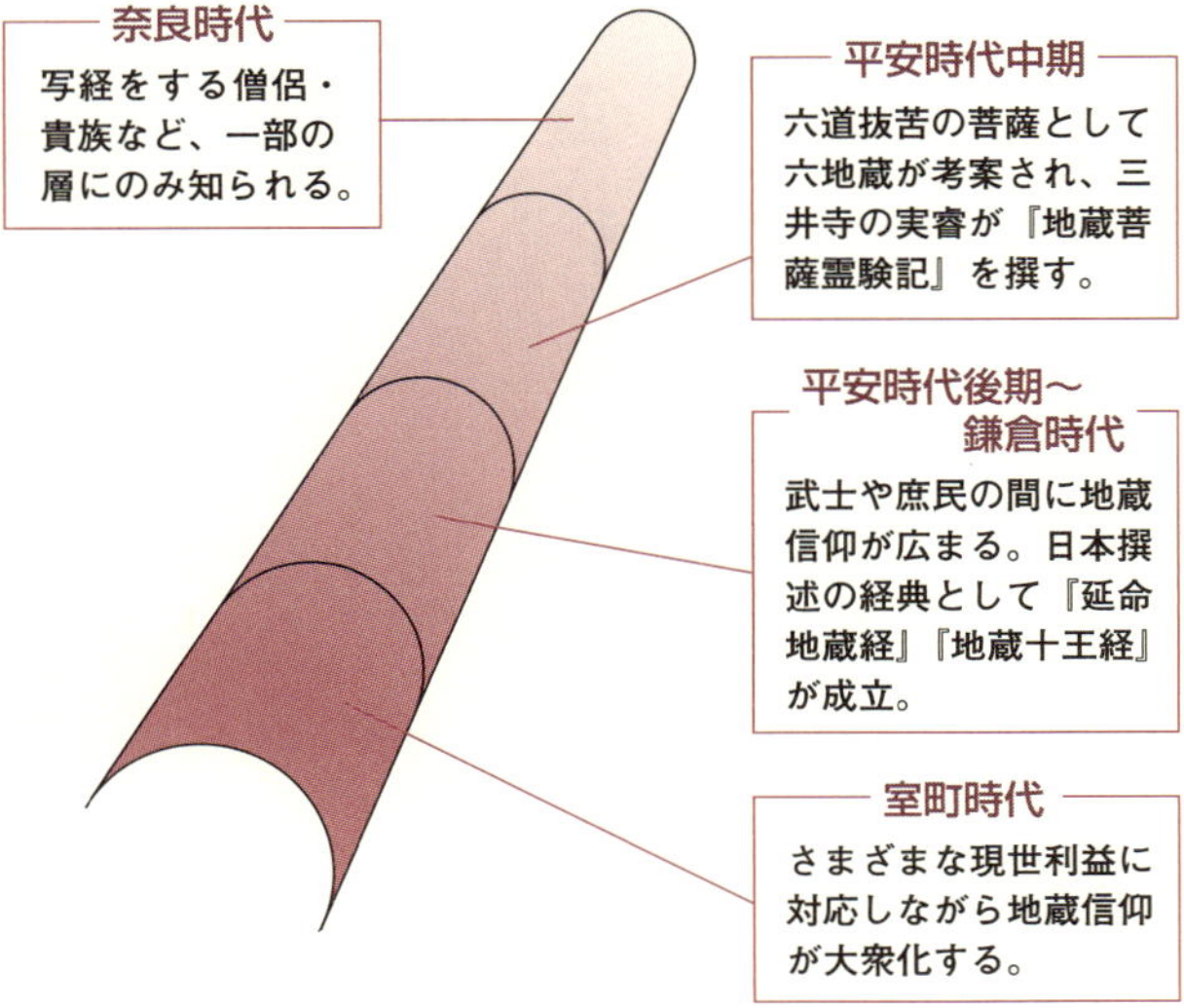
奈良時代
写経をする僧侶・貴族など、一部の層にのみ知られる。
平安時代中期
六道抜苦の菩薩として六地蔵が考案され、三井寺の実睿が『地蔵菩薩霊験記』を撰す。
平安時代後期～鎌倉時代
武士や庶民の間に地蔵信仰が広まる。日本撰述の経典として『延命地蔵経』『地蔵十王経』が成立。
室町時代
さまざまな現世利益に対応しながら地蔵信仰が大衆化する。

その功徳としては家内安全《かないあんぜん》、無病息災《むびょうそくさい》など現世利益的《げんせりやくてき》な側面が強いが、なかでも崇敬を集めたのが六道《ろくどう》の苦しみからの救済である。この救済の功徳がほかの菩薩より勝っていたとされる点、地蔵の本体が僧侶の姿で表わされ、より身近に感じられたこと、さらに無量無数の変化身となって衆生を救済してくれるなどの理由から、人々の間で広く信仰されるようになった。

●六地蔵から民間信仰へ

日本に地蔵信仰が伝来したのは、奈良時代のことである。平安時代には『往生要集』の成立などで、六道輪廻《りんね》の恐怖が喧伝《けんでん》されたことからまず貴族階級に地蔵信仰が広まった。さらに観音一尊《かんのんいっそん》ずつを六道に配し、それぞれの観音がその道にいる衆生を救うという六観音信仰の影響により、十一世紀に六地蔵が考案された。このことが、地蔵信仰の隆盛につながった。

すなわち、地獄道《じごくどう》には大定智悲《だいじょうちひ》地蔵、餓鬼道《がきどう》には大徳清浄《だいとくしょうじょう》地蔵、畜生道《ちくしょうどう》には大光《だいこう》明《みょう》地蔵、阿修羅道《あしゅらどう》には清浄無垢《しょうじょうむく》地蔵、人道《にんどう》には大清浄《だいしょうじょう》地蔵、天道《てんどう》には大堅固《だいけんご》地蔵が配され、六道に迷う衆生をそれぞれ救済したのである。

六地蔵の名称

地獄道	檀陀地蔵	金剛願地蔵	大定智悲地蔵
餓鬼道	宝珠地蔵	金剛宝地蔵	大徳清浄地蔵
畜生道	宝印地蔵	金剛悲地蔵	大光明地蔵
阿修羅道	持地地蔵	金剛幢地蔵	清浄無垢地蔵
人　道	除蓋障地蔵	放光王地蔵	大清浄地蔵
天　道	日光地蔵	預天賀地蔵	大堅固地蔵

正式な経典による根拠がないため、六地蔵にはさまざまな呼び方がある。

平安時代末期に仏教が庶民に浸透すると、地蔵信仰はさらなる発展を迎えた。この頃の貴族たちは、寺院の建立や法会《ほうえ》の開催など富を用いて功徳を積むことで往生することができると信じていた。

しかしそのような功徳を積む術がなく、「地獄は必定《ひつじょう》」という観念が高まっていた庶民にとって、地蔵は地獄における唯一の救済主だったのである。

こうして民間に広く浸透した地蔵信仰は、室町時代に入ると再び現世利益的な側面が強調されることとなった。延命《えんめい》地蔵、子育て地蔵、田植え地蔵などの身代わり地蔵がそれであり、日本人にとって最も親しみやすい菩薩として今日に至るのである。

小野篁

六道珍皇寺の井戸から地獄へ下り閻魔王に仕えた平安貴族

●地獄に通っていた小野篁

京都の六道珍皇寺《ろくどうちんのうじ》の境内《けいだい》には、冥界への入口にあたるとされる井戸が伝わる。じつはこの考えは中世以来のもので、寺地が葬送地である鳥辺山《とりべやま》のふもとにあったことから、このような信仰が生まれたようだ。『今昔物語集』には、この井戸を使って冥界へと向かい、地獄の閻魔王に仕《つか》えたという人物の話が収められている。彼の名前を、小野篁《おののたかむら》という。

篁は平安時代前期の公卿《くぎょう》で、「野宰相《やさいしょう》」という異名を持つ。この「野」は小野姓の略称だが、一説には反骨《はんこつ》の持ち主であったため野狂《やきょう》と呼ばれていたことから、そうあだ名されたといわれる。まだ篁が若年だったとき、あまりにも弓馬《きゅうば》に熱中し過ぎて学問を顧《かえり》みなかったため、時の嵯峨《さが》天皇が「もっと学芸に精を出すように」と嘆いたという逸話《いつわ》も残る。

その後、一念発起して学業に励んだ篁は順当に出世を重ね、承和《じょうわ》元年（八三四）には遣唐《けんとう》副使に選ばれるまでになった。ところが正使の専横《せんおう》に抗議し、病気を理由に乗船を拒

六道珍皇寺の井戸

六道珍皇寺の境内にある井戸。この井戸が冥界につながっていると考えられており、小野篁はここから地獄へと向かったと伝わる。

んだために嵯峨上皇の怒りを買い、隠岐国《おきのくに》に配流《はいる》されてしまう。

篁は、どうせもう都に戻ることができないのであれば、人々が恐れている閻魔王と親しくなり、自分を陥れた連中をみな地獄に送り込もうと考えた。そして死神になりすまし、ついには閻魔王のもとへ行ったという。閻魔王は篁が天皇の側近でさまざまな人物の行状に詳しいことを知り、冥界にやって来た人物を地獄に送るか極楽に送るかの審判を手伝わせることにしたのである。

その後、篁は都に戻ることを許されて宮中に出仕したが、閻魔王の信任も厚かったことから、夜になると六道珍皇寺の井戸から高野《こうや》槇《まき》の枝をつたって冥界に下り、閻魔王のもとで審判を手伝った。そして夜が明けた頃に嵯峨野《さがの》の福生寺《ふくせいじ》の井戸から都に戻り、何食わぬ顔で宮中に出仕したのである。

そんなある日のこと、大臣の藤原良相《ふじわらのよしみ》が病で命を落とし、閻魔王の下へ送られてきた。そのとき、閻魔王に良相をこの世に戻すよう懇願した人物がいた。それが篁であった。良相は篁を都に戻すのに尽力《じんりょく》してくれた恩人だったのである。

こうして良相はこの世に戻ることができた。後日、すっかり病が癒え、宮中に参内した良相が篁に礼を言うと、篁は「他言無用《たごんむよう》に願います」と答えたという。

●米が減らない箱

篁と閻魔王の関係には後日談がある。

篁をすっかり信頼した閻魔王は、かねてより菩薩戒《ぼさつかい》を受けたいと考えており、篁に菩薩戒を授けてくれる僧を紹介するよう頼んだ。そこで篁は、大和郡山矢田寺《やまとこおりやまやたでら》の満慶上人《まんけいしょうにん》を地獄に連れて行った。その説教を聞いて喜んだ閻魔王は、お礼に米が詰まった小さな箱を上人に渡した。それは使っても使っても米が減らない箱であった。上人はこの箱を使って貧しい人たちに施《ほどこ》しをしたため、満米《まんまい》上人と呼ばれて慕われたと伝わる。

小野篁と六道珍皇寺

年	事項
802	小野岑守の子として生まれる。若年期は弓馬に励んだが、嵯峨天皇の言葉に触発され、その後は学問に精進する。
822	文章生の試験に合格。以後、大内記、蔵人などを歴任。
834	遣唐副使に任ぜられるが、渡航に二度失敗。
838	三度目の渡航に際し正使・藤原常嗣の専横に抗議して乗船を拒否。さらに、朝廷を風刺する「西道謡」という詩を作ったため嵯峨上皇の怒りを買い、隠岐国へ配流される。
840	許されて平安京に戻り、復位。その後、蔵人頭、左中弁などを歴任。
847	参議に昇進。
852	死去。

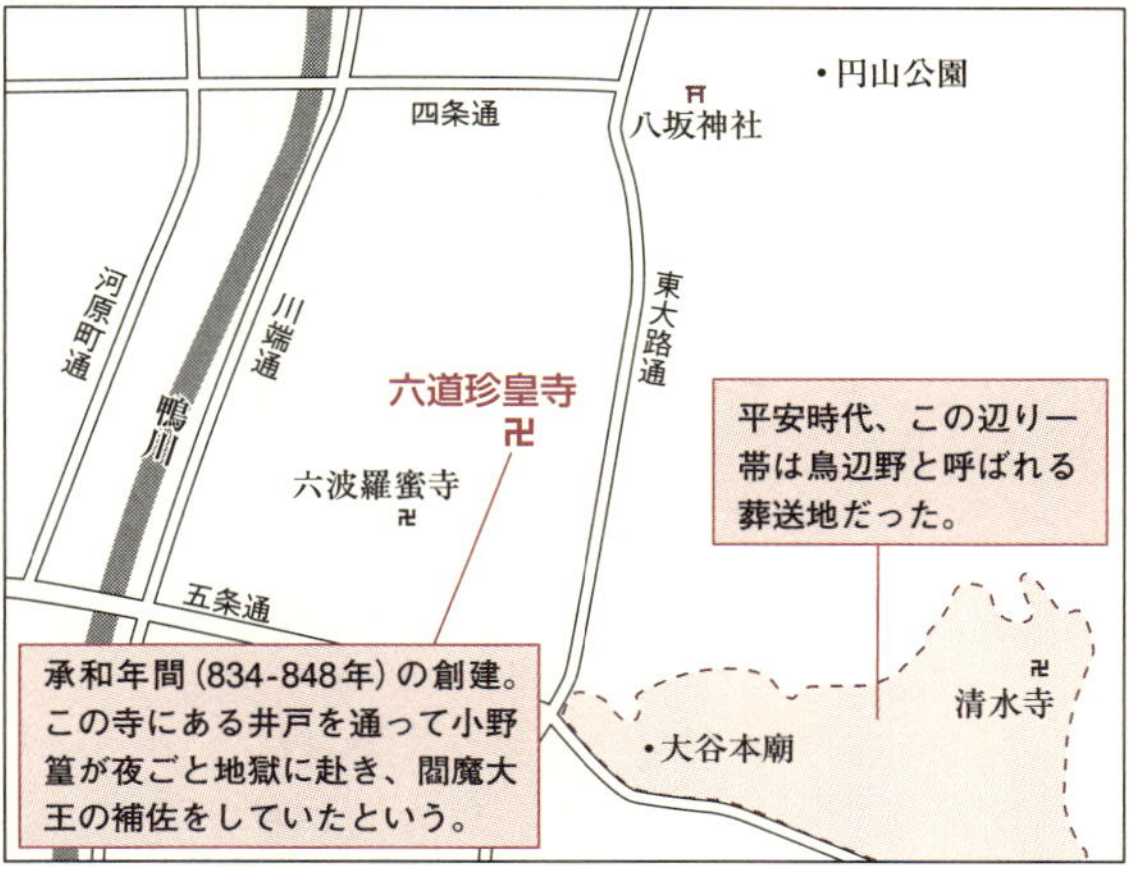
円山公園
四条通
八坂神社
河原町通
川端通
東大路通
鴨川
六道珍皇寺
六波羅蜜寺
平安時代、この辺り一帯は鳥辺野と呼ばれる葬送地だった。
五条通
承和年間(834-848年)の創建。この寺にある井戸を通って小野篁が夜ごと地獄に赴き、閻魔大王の補佐をしていたという。
清水寺
大谷本廟

小野篁は隠岐国に配流されたことを怨み、自分を陥れた者に復讐するため、六道珍皇寺から地獄へと向かったと伝わる。

こらむ・諸宗教の他界観③

ヒンドゥー教の天国と地獄

ヒンドゥー教の他界観は仏教と同じく、死後、魂は再生して生まれ変わるというものである。

インド最古の聖典で、紀元前10世紀前後に成立したとみられる『リグ・ヴェーダ』には、死後の世界として、死者の王ヤマが治める天界の理想郷が記されている。

そして紀元前10世紀から前6世紀にかけて段階的に成立し、まとめられた聖典『ジャイミニーヤ・ブラーフマナ』によると、死者の世界は6つの階層に分かれているという。

第1の世界は人間が人間を切り刻んで食べる地獄、第2の世界は人間が泣き叫ぶ人間を食べる地獄、第3の世界は人間が黙って無言の人間を食べる地獄、第4の世界は2人の女が1個の大きな財宝を守っている世界である。第5の世界には2つの川が流れている。1つは血の川で、もう1つはグリタ（液状バター）の川である。この世界は、地獄と天国が共存する場所と考えられている。そして第6の世界は青蓮《しょうれん》、白蓮《びゃくれん》の花が咲き乱れ、蜜が流れる5本の川があり、美しい音楽が流れる天国である。

紀元後に成立したとされる『ヴィシュヌ・プラーナ』の時代になると、地獄観がより明確なものとなり、「ラウラヴァ（恐怖）」、「タプタクンバ（灼熱の瓶《びん》）」、「ルディラーンダ（血の井戸）」などの21の具体的な地獄が描かれるようになった。

紀元4世紀から6世紀頃に成立した聖典『マハーバーラタ』の時代になると、死の世界の王であるヤマが死神とされた。地獄は闇に覆われ、至るところに死骸が転がり、猛火に覆われているという。そして恐ろしい獄卒《ごくそつ》によって罪人たちは責め苦にあうのである。

第三章　極楽の世界

第三章
極楽の世界

阿弥陀如来の浄土

須弥山の西方十万億刹にある理想の仏国土

往生を約束した第十八願

平安時代、恐ろしい地獄《じごく》の諸相が図示されるようになり、『六道絵《ろくどうえ》』や『十界図《じっかいず》』などさまざまな地獄絵が誕生した。

それらの凄惨《せいさん》な有様は人々の恐怖心を駆り立て、死後、地獄に堕《お》ちることを忌《い》み、その対極にある世界、極楽浄土《ごくらくじょうど》へ行きたいという憧憬《どうけい》を生んだ。

もともと浄土という概念は、六世紀、日本に仏教が伝来するとともにもたらされた。飛鳥・奈良時代には、東西南北に如来《にょらい》や菩薩《ぼさつ》を配し、そこにそれぞれの浄土があると考えられた。

たとえば七世紀に建立された法隆寺《ほうりゅうじ》の金堂《こんどう》には、北壁に釈迦《しゃか》如来、西壁に阿弥陀《あみだ》如来、北壁西側に弥勒《みろく》菩薩、北壁東側に薬師《やくし》如来とそれぞれの浄土が描かれた壁画が残されている。

のち、その概念がさらに具体化され、北方に弥勒菩薩の兜率天《とそつてん》浄土、東方に薬師如来の

阿弥陀如来信仰の根拠となる「浄土三部経」

『阿弥陀経』

- 西方十万億土にある阿弥陀如来の仏国土（極楽浄土）の素晴らしさを具体的に述べる。
- 極楽浄土に生まれる者はみな、成仏が約束されていると説く。

『無量寿経』

- インドのある王子が出家して法蔵菩薩となり、五劫もの長期にわたり思惟と修行を重ね、四十八の誓願を立てる。
- 法蔵はさらに修行を重ね阿弥陀如来となり、西方に極楽浄土を建立する。現在もこの地で説法しているという。

『観無量寿経』

- 摩訶陀国の阿闍世太子が、王位奪取を目論んで父母である国王夫妻を幽閉する。救いを求める王妃に応える形で、極楽浄土を観想する16の方法を釈迦が説く。
- 極楽往生には「上品上生」から「下品下生」まで９段階があることを説く。

「浄土三部経」は浄土思想を説く三部の経典のことで、浄土教における根本経典として尊重されている。

瑠璃光浄土《るりこう》、西方に阿弥陀如来の極楽浄土、南方に観音《かんのん》菩薩の補陀洛《ほだらく》浄土、現世《げんせ》十方《じっぽう》に釈迦如来の霊鷲山《りょうじゅせん》浄土と、それぞれの如来・菩薩に明確な住処があてられるに至る。

この中で、最も人々の信仰を集めたのが阿弥陀如来の極楽浄土であり、一般に浄土といえばこの場所を指すようになった。このように考えられるようになったのは、源信《げんしん》の『往《おう》生要集《じょうようしゅう》』に拠《よ》るところが大きい。

平安時代前期までの往生観は、善や徳《とく》を積むことで往生できるというものであったが、その往生先は漠然としており、また仏教を篤《あつ》く信仰した一部の人間のみが望み得るものであった。

しかし源信は、その考えを百八十度変えた。『往生要集』によって往生先が阿弥陀如来の極楽浄土であることを明確にし、さらに阿弥陀如来を信仰することで誰しもが往生できると説いたのである。こうした考えがたちまちのうちに人々の心を捉《とら》え、阿弥陀浄土信仰が隆盛することになった。

●阿弥陀如来となった法蔵

『無量寿経《むりょうじゅきょう》』によると、阿弥陀如来はもとはインドの王子で、名を法蔵《ほうぞう》といった。世《せ》

法蔵菩薩四十八願の第十八願「念仏往生願」

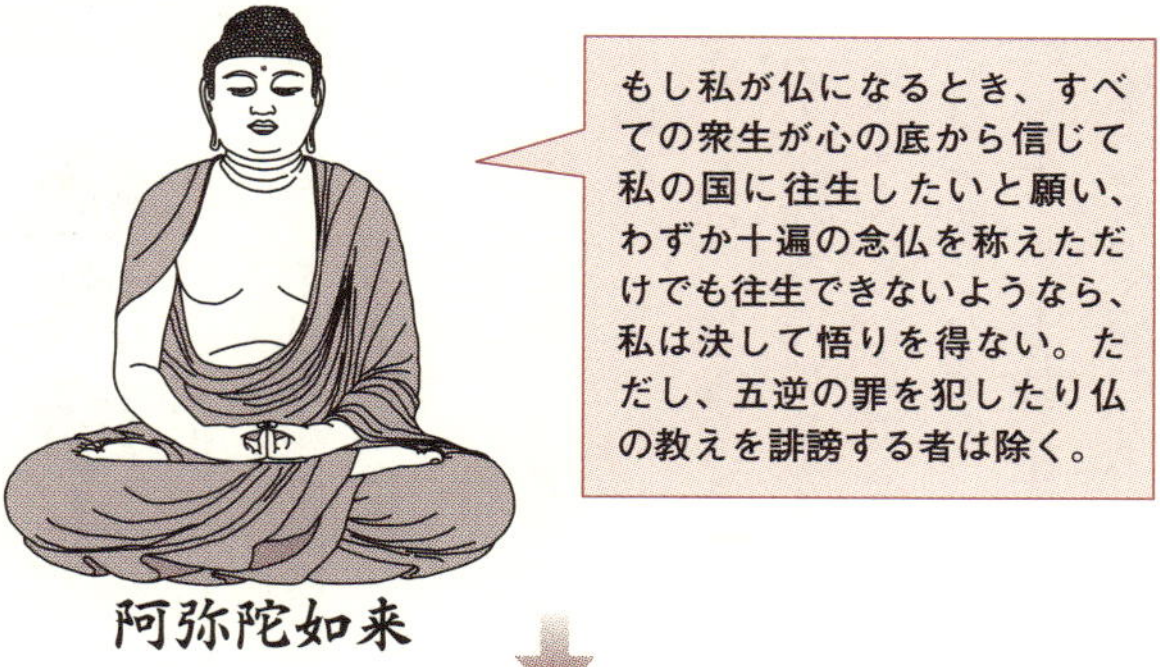
もし私が仏になるとき、すべての衆生が心の底から信じて私の国に往生したいと願い、わずか十遍の念仏を称えただけでも往生できないようなら、私は決して悟りを得ない。ただし、五逆の罪を犯したり仏の教えを誹謗する者は除く。
阿弥陀如来

法蔵菩薩の立てた四十八願のうち、とくに第十八願は浄土諸宗において重視され、念仏による極楽往生の根拠とされた。

自在王《じざいおう》如来の説法を聞いて感銘を受けた法蔵は、如来のもとで修行に励んだ。

あるとき、如来が二百十億の諸仏の国土を現わし法蔵に見せたところ、法蔵は五劫《こう》という長きにわたり思惟《しゆい》、修行を重ねてその長短を熟考し、それよりも優れた浄土を西方に建立することを決意。そして四十八の誓願《せいがん》を立て、仏となることを誓った。そして修行の末にその大願《たいがん》を成し遂げ、阿弥陀如来となったという。

阿弥陀如来の極楽浄土は、須弥山《しゅみせん》の西方十万億刹《さつ》というはるかかなたの場所にあり、阿弥陀如来は観音菩薩、勢至《せいし》菩薩などを従え、現在もそこで衆生《しゅじょう》のために説法を行なっているとされる。

極楽浄土

一切の苦しみから決別し
消えることのない喜びに満ちた世界

死の瞬間に生まれ変わる喜びの世界

人々が往生したいと願ってやまなかった極楽とは、一体どのような世界であったのだろうか。

源信は『往生要集』の中で、極楽浄土の素晴らしさを讃え、そこには十の楽しみがあると説いている。

その楽しみは、通常であれば辛くて苦しいはずの臨終《りんじゅう》の際からすでに始まっている。というのも、阿弥陀如来が多くの菩薩を引き連れて臨終間際の人のもとを訪れ、極楽浄土へと導いてくれるからである。

そして目を閉じたその一瞬のうちに、往生者は極楽浄土へと生まれ変わる。

聖衆《しょうじゅ》に従って往生するため、苦しむことはない。極楽へと往生した人の身体も現世での姿とはまったく変わり、紫金《しきん》に輝き、美しい衣や宝冠に彩《いろど》られ、心のままにあらゆる世

『往生要集』が記す極楽浄土の十の楽しみ

①聖衆来迎の楽	念仏の功徳を積んだ善人は、臨終の際、多くの菩薩らが極楽浄土から迎えに来てくれる。
②蓮華初開の楽	極楽浄土の世界に往生する者は、蓮華の上に生まれる。その蓮華の花が開くとき、往生者の眼前には素晴らしい極楽浄土の世界が広がる。
③身相神通の楽	極楽浄土に往生した者は、神通力を得て、居ながらにして、過去を含めたあらゆる世界の様子を見ることができ、六道世界の衆生の心を知ることができるようになる。
④五妙境界の楽	極楽浄土の住人が見るもの、耳にする音はすべてが清浄で美しく、香りや味、感触も同様である。大地は瑠璃、道は金の縄、宮殿は 500 億の七宝でできている。
⑤快楽無退の楽	娑婆世界ではどんな楽しみも有限で終わりがあり、楽しみは苦しみとともにあるが、極楽浄土での楽しみは限りがない。病気や死の苦しみはなく、憎しみや恨みの感情とも無縁である。
⑥引接結縁の楽	極楽浄土では優れた智恵や神通力が備わり、前世の恩人や友人と思うままに会い、導くことができる。
⑦聖衆倶会の楽	極楽浄土では、普賢菩薩、文殊菩薩、弥勒菩薩、観世音菩薩、大勢至菩薩といった聖なる人々と会い、言葉を交わし、教えを受けることができる。
⑧見仏聞法の楽	極楽浄土の住人は、いつでも阿弥陀如来の尊顔を仰ぎ、ありがたい説法を聞くことができる。
⑨随心供仏の楽	極楽浄土の住人は、朝昼晩と阿弥陀如来を供養する。さらに、それ以外の数限りない諸仏を心のままに供養することができる。供養の品は思うだけで眼前に現われる。
⑩増進仏道の楽	この世には悩みや苦しみが多く、修行により真理を得ることはきわめて難しい。しかし、仏の慈悲の力に守られ、仏の光明に照らされている極楽浄土では、悟りを求めて仏道を推し進めることができる。

源信は『往生要集』において極楽浄土の10の楽しみを述べ、その素晴らしさを讃えている。

界を、そして六道に堕ちた衆生すべての心を見通すことができる神通力《じんつうりき》を得る。

その極楽の世界の大地は瑠璃《るり》でできており、黄金の縄で道が区切られている。さらには五百億の七宝《しっぽう》からできた宮殿や楼閣《ろうかく》がそびえ、黄金や白銀、水精《すいしょう》、瑠璃などさまざまな宝石の池が広がっている。黄金の池の底には白銀の砂があり、白銀の池の底には黄金の砂がある。

その池一面を宝の花が覆い、一つひとつの花の中にはそれぞれ菩薩がいる。空には百宝でできた鳥が昼夜を分かたず飛び回り、なごやかな音を出して仏を念じるなど、まさに五官のすべてで喜びを感じ取れる世界である。

しかも無常である人間世界とは異なり、その喜びはいつまで消えることはない。ここは永遠に苦しみから決別《けつべつ》できる世界でもある。

またその喜びは本人だけにとどまらない。親や妻子、友人など生前に縁のあった人々を神通力によって極楽へ導くこともできるのである。

●仏道を推し進める楽しみ

これらの極楽における楽しみは、阿弥陀如来、さらには浄土の菩薩に会い、その教えを

極楽浄土を司る阿弥陀如来と脇侍の２菩薩

勢至菩薩　　阿弥陀如来　　観音菩薩

阿弥陀如来の「智慧」を表わす化身。

阿弥陀如来の「慈悲」を表わす化身。

阿弥陀如来を中尊とし、向かって右に観音菩薩、左に勢至菩薩を置く様式を阿弥陀三尊という。来迎図では阿弥陀如来を中心として、両脇侍を伴って描かれる形式が一般的となっている。

直接聞くことができ、何者にも邪魔されることなく、思いのままに仏道修行に励むことができるという最大の楽しみへとつながっていく。

つまり、極楽浄土は仏道の道を推《お》し進めていくのに万全の環境が備わった場所なのである。

仏の慈悲《じひ》で心の乱れは止み、人々の悟《さと》りを求める心を増してくれる。また、鳥や木々の声が三宝を念じる心を起こしてくれ、さらには菩薩が良き友となって煩悩《ぼんのう》などを断ち切ってくれる。

しかも極楽での寿命は永遠なので、仏道修行に心置きなく励むことができるというわけである。

第三章
極楽の世界

臨終行儀

浄土に赴くために細かく定められた儀式

●阿弥陀如来の来迎を観想

極楽、地獄観が確立されると、恐ろしい地獄ではなく、素晴らしい極楽の世界に行きたいと誰しもが願うのは当然のことである。そのため、来世に生まれ変わる瞬間でもある臨終の迎え方も重要視された。

源信は『往生要集』の中で、臨終を迎えた者を看取る方法について、中国浄土教《じょうどきょう》の大成者である唐僧善導《とうそうぜんどう》の『観念法門《かんねんほうもん》』や南山律宗《なんざんりつしゅう》の開祖である唐僧道宣《どうせん》の『四分律行事《しぶんりつぎょうじ》鈔《しょう》』などの言葉を引用して具体的に述べている。

まずは、浄土に赴くのに妨げとなる貪《むさぼ》りの心や生への執着心を生じさせないため、インドの祇園精舎《ぎおんしょうじゃ》の例にならって、病人を無常院《むじょういん》に移す。そのお堂は、散華《さんげ》や焼香《しょうこう》によって飾られ、阿弥陀如来の像が安置された場所である。そして病人を北枕で西向きに寝かせ、不安を和《やわ》らげるため、仏像が左手で持つ五色の糸を握らせる。これは、肉体の死が訪れて

臨終行儀

阿弥陀如来像の手から引いた五色の糸を病人に握らせ、不安を和らげる。またこのとき病室には花を飾り、香を焚くなど、臨終者に好相（聖衆来迎の幻視）が現われるような環境を整える。

臨終の病人を、祇園精舎の無常院にならい北枕で西向きに寝かせる。

北
もし臨終者の心に、聖衆が来迎する姿が思い浮かんだときは、その様子を看病人に話し、看病人はそれを忠実に記録する。臨終者が自分から話せない場合は、看病人の側から臨終者に、どのような光景を見ているかを何度も問い、記録する。

周囲の者たちは臨終者の極楽往生を願って「南無阿弥陀仏」と一心に十遍称え、臨終者は心を集中して阿弥陀仏を観想し、念仏を称える。


『往生要集』の熱心な読者だった藤原道長は、同書で源信が説いた「臨終行儀」をそのまま実践する形で自身の死を迎えたと伝わる。

も仏に従って浄土に行くのだという思いを抱かせるためである。

そして、病人の枕元につめた人々が一心に「南無阿弥陀仏《なむあみだぶつ》」を十遍称《とな》える。病人も西方に向かって口には念仏《ねんぶつ》を称え、心には蓮華台《れんげだい》に乗った阿弥陀如来による来迎《らいごう》を観想《かんそう》する。そのとき看病人は病人に何が見えるかと問う。病人は自らが幻視した「往生の想」を語り、看病人はそれを記録する。

もし仏や極楽が見えれば、周囲の人々は極楽往生を手助けできるように香《こう》を焚《た》き、念仏の唱和を繰り返す。

もし罪相《ざいそう》（生前の罪）や地獄の情景が浮かぶようであれば、看病人はともにその罪を懺悔《ざんげ》し、そのうえでひたすら念仏を称え、来迎を期する。そうすれば悪業《あくぎょう》の人も往生できるとされた。源信は臨終の一念は百年の善業《ぜんぎょう》に勝るとし、臨終の際には「願わくは必ず我を引摂《いんじょう》したまえ、南無阿弥陀仏」と称えるよう説いている。

●臨終行儀を実践した藤原道長

こうした臨終の儀式の究極の目的は、苦痛を和らげ、臨終のときを心穏やかに迎えるところにあり、ひいては阿弥陀如来の来迎によって往生することにあった。

こらむ・地獄秘話

「南無阿弥陀仏」の意味

念仏を称える際によく用いられている「南無阿弥陀《なむあみだ》仏《ぶつ》」。「南無阿弥陀仏」の「南無」とは、もともとサンスクリット語のナマスが漢語に訳されたもので、「帰《き》依《え》します」という意味である。すなわち、「南無阿弥陀仏」とは、阿弥陀如来に帰依することを誓う言葉なのだ。通常は「なむあみだぶつ」と発音されるが、鎌倉時代の僧で浄土真宗《じょうどしんしゅう》の宗祖である親鸞《しんらん》は「南無」を「なも」と発音していたことから、浄土真宗本願寺《ほんがんじ》派では「なもあみだぶつ」と呼びならわされている。

また、一語を長く引っ張って複雑な旋律があるものから、単純な節のものまで、各宗各派により称え方は異なっている。

この『往生要集』の記述に応じて、当時の人々は来迎の場所を設け、死を迎える作法を実践するようになった。

本尊の阿弥陀如来は、像以外にも簡単に用意できる絵画が掛けられることもあった。

この儀式を実践したことで知られるのが、平安時代の貴族藤原道長《ふじわらのみちなが》である。『往生要集』を愛読していた道長は、『栄花物語《えいがものがたり》』などによれば、万寿《まんじゅ》四年（一〇二七）十二月四日、法成寺御堂《ほうじょうじみどう》で亡くなった。道長はここで九体の阿弥陀如来像と向かい合うようにして北枕西向きに臥《が》し、阿弥陀如来像の手から引かれた糸の端を手に握りしめ、枕元で僧侶が一心に念仏を称えるなか、自身も念仏を称えながらその生涯を閉じたと伝えられる。

第三章
極楽の世界

来迎引接

生前の功徳によって異なる阿弥陀如来のお迎え

来迎とは何か

臨終の儀式を執り行ない、いざ臨終を迎えるとき、阿弥陀如来が迎えに来てくれ、極楽浄土へと導いてくれる。これは、阿弥陀如来の四十八願のうち、第十九願「来迎引接《いんじょう》願」による。

来迎の仕方には、阿弥陀如来一尊のみの場合もあれば、観音、勢至の両菩薩を従えたり、二十五菩薩を伴ったり、あるいは多くの仏菩薩を従えて来迎する場合もある。その形態によって一尊来迎、三尊来迎、二十五菩薩来迎、聖衆《しょうじゅ》来迎などと呼ばれる。

また、阿弥陀如来は西方から高い山を越えて来迎することから、山越えの来迎とも呼ばれる。

前述のように、源信は『往生要集』の中でこの「聖衆来迎の楽《らく》」を極楽浄土の十の楽しみの第一にあげており、そのため阿弥陀如来が来迎引接する様子を儀礼化した来迎会《え》が行

来迎引接とは何か

【四十八願の第十九願「来迎引接願」】

もし私が仏になるとき、すべての衆生が菩提心を起こして諸々の功徳を修め、心の底から信じて私の国に往生したいと願うなら、臨終の際に私は多くの聖者たちとともにその人の前に現われる。そうでなければ、私は決して悟りを得ない。

平安時代、阿弥陀如来の来迎の姿を表わした来迎図が盛んに作られることに。

来迎引接の種類

一尊来迎
阿弥陀如来だけが現われる。

三尊来迎
阿弥陀如来が勢至菩薩・観音菩薩を従えて現われる。

聖衆来迎
阿弥陀如来がいくつか（数は不定）の菩薩を従えて現われる。

二十五菩薩来迎
阿弥陀如来が二十五の菩薩を従えて現われる。

阿弥陀如来が法蔵菩薩だったときに立てた四十八願のうち第十九願で、臨終の際に往生者を迎えに行くことを誓っている。

なわれるようになったり、この来迎の様子を絵画や彫刻で表現した来迎図も数多く作られるようになった。

この来迎図の中で、最も多く描かれたモチーフが二十五菩薩来迎図である。とくに平安時代末期から鎌倉時代にかけて製作された来迎図のほとんどは、二十五菩薩来迎図というほど人気が高かった。

その図に描かれた、死者を乗せるための蓮台を捧げた観音菩薩や、楽器を演奏し旗を持つ菩薩たちを従えた阿弥陀如来が雲に乗って天空から舞い降りてくる姿は壮観で、人々の浄土への思いをより一層掻《か》き立てたことだろう。

時代が下るに従って、早く迎えに来てほしいという思いを込めたのか、飛来する雲の描写にスピード感が加えられるようになった。

●来迎のランク付け「九品来迎」

『観無量寿経《かんむりょうじゅきょう》』によると、阿弥陀如来の来迎の仕方には九通り（九品《くほん》）あるという（九品来迎）。上品《じょうぼん》、中品《ちゅうぼん》、下品《げぼん》の三品をさらにそれぞれ上生《じょうしょう》、中生《ちゅうしょう》、下生《げしょう》と分けて九品とし、死者の生前の功徳《くどく》によって、このうちのどれかに当てはめられるという。

阿弥陀二十五菩薩来迎図

阿弥陀如来が迎えに来る来迎の様子を描いた図のうち、知恩院所蔵のものは、雲にスピード感が加えられていることから「早来迎」とも呼ばれる。（知恩院蔵）

上品においては、阿弥陀如来は観音・勢至菩薩以下多くの聖衆を従えて音楽を奏でながら来迎するという華やかなものだが、品が下るに従って、阿弥陀如来が従える菩薩の数が少なくなっていく。

たとえば中品上生では、阿弥陀如来と比丘《びく》衆《しゅう》のみ。中品下生では阿弥陀如来のみの来迎となる。

最下位に置かれた下品下生に至っては臨終のときの出迎えがないばかりか、すぐに阿弥陀如来に見《まみ》えることもできない。金の蓮華が出現するので、臨終を迎える者はそこに収まって往生する。そして何年か経たのちにようやく観音・勢至菩薩の説法を聞くことができるのである。

迎講

極楽往生の様子を視覚化した宗教儀式

盛大に催された来迎劇

臨終の際に阿弥陀如来が来迎し、往生者を極楽浄土へと導いてくれるというのは前述の通りであるが、その阿弥陀如来の来迎する様子を想像し、仏菩薩に扮した人々が音楽に合わせて、それぞれ決められた振り付けを演じるという儀礼が行なわれるようになった。これを迎講《むかえこう》という。

迎講はもともと源信が始めたと伝えられる。

鎌倉時代初期に成立した説話集『古事談《こじだん》』によると、源信が脇息《きょうそく》（座具の一種）の上に三寸程の仏像を載せ、その脇息の脚にひもを付けて自分のもとへと引き寄せたことが起源であるという。

また、源信のその行為を見た弟子寛印《かんいん》が丹後国《たんごのくに》の天橋立《あまのはしだて》で迎講を行ない、広めていったともいわれる。

当麻寺「二十五菩薩来迎会」の舞台に見る迎講

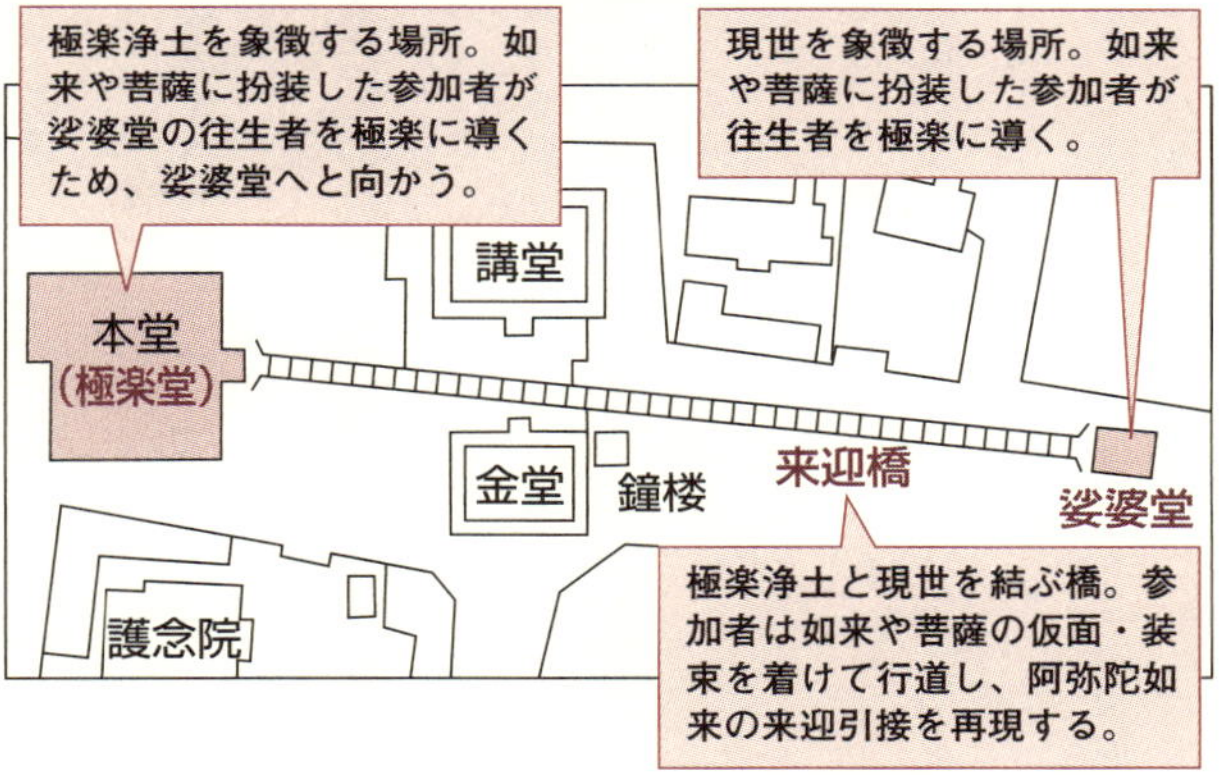
極楽浄土を象徴する場所。如来や菩薩に扮装した参加者が娑婆堂の往生者を極楽に導くため、娑婆堂へと向かう。
現世を象徴する場所。如来や菩薩に扮装した参加者が往生者を極楽に導く。
講堂
本堂（極楽堂）
金堂
鐘楼
来迎橋
娑婆堂
護念院
極楽浄土と現世を結ぶ橋。参加者は如来や菩薩の仮面・装束を着けて行道し、阿弥陀如来の来迎引接を再現する。

迎講は阿弥陀如来の来迎の様子を儀式化した法会のことで、衆生にわかりやすく来迎を知らしめるために始められたと考えられている。

そして迎講は、洛中洛外《らくちゅうらくがい》はもとより全国の諸寺院において広く行なわれるようになったという。

具体的に当時迎講がどのように行なわれていたかというと、まず現世を象徴する娑婆屋《しゃばや》と極楽を表現する極楽堂が設けられ、それらの建物の間には極楽と現世を結ぶ橋が架けられた。

次に仏や菩薩の仮面をかぶり、それぞれの装束《しょうぞく》に身を包んだ衆生が極楽堂を出発。楽器を打ち鳴らしながら橋の上を練《ね》り歩き、往生者のいる娑婆屋へと迎えに行く。このとき、観音菩薩に扮した人物は蓮台を持ちながら歩く。そして仏菩薩に扮した人々は、往生者を導いて、再び橋を渡り、極楽堂へと戻っていくのである。

具現化された極楽往生の様相

この儀礼はまさしく『往生要集』に説かれる阿弥陀如来の来迎の情景そのままであり、極楽往生の様子を具現化し、一般衆生にわかりやすく説くために始められたものと考えられている。

鎌倉幕府が編纂《へんさん》した歴史書である『吾妻鏡《あづまかがみ》』には、海上に十艘《そう》余りの船を浮かべて迎講が行なわれたことが記されており、大自然の情景をそのまま生かした大規模な儀礼も営まれていたことがわかる。

このような迎講は、人々の極楽往生を願い求める思いをより一層強める役割を果たした。そして現在もなお、来迎会や二十五菩薩来迎会、練供養《ねりくよう》などと称して、阿弥陀如来の来迎と念仏者《ねんぶつしゃ》の極楽往生を演じる儀礼が各地の寺院で催されている。

中でも、源信の生誕地に近い当麻寺《たいまでら》で毎年五月に行なわれる二十五菩薩来迎会は有名で、中将姫《ちゅうじょうひめ》という女性のもとに阿弥陀如来と聖衆菩薩が来迎し、極楽へと導く様子が演劇化されている。

迎講が現代に伝わる主な寺院

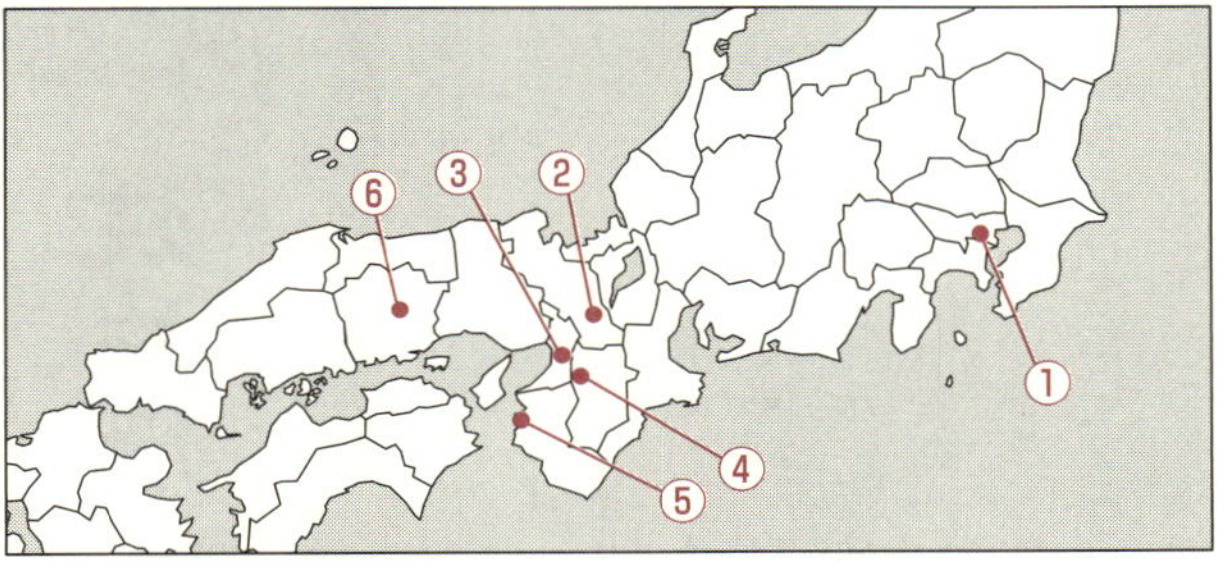

①九品仏浄真寺（東京都世田谷区）	1678年の創建。本堂と上品堂の間に渡された橋を菩薩に扮した参加者が渡る「お面かぶり(二十五菩薩来迎会)」が3年に1度行なわれる。
②即成院（京都市東山区）	992年に源信が創建した光明院が起源とされ、1902年に現在地で再興。那須与一の墓があることでも知られる。毎年10月に「二十五菩薩お練り供養」が行なわれる。
③大念佛寺（大阪市平野区）	1127年の創建。毎年5月に開かれる「万部おねり」では、二十五菩薩の行道と阿弥陀経1万部の読経が行なわれる。
④当麻寺（奈良県葛城市）	612年の創建と伝わる。当麻曼荼羅と中将姫伝説で知られ、毎年5月には中将姫(藤原豊成の娘)の極楽往生を再現する「練供養会式」が行なわれる。
⑤得生寺（和歌山県有田市）	759年、継母による暗殺から逃げ延びた中将姫が3年間隠れ住んだ地に従臣の伊藤春時が開いた安養庵が起源とされる。毎年5月に「中将姫来迎大会式」が行なわれる。
⑥誕生寺（岡山県久米南町）	1193年、法然上人の生誕地に創建。毎年4月に、法然上人の両親の極楽往生を再現する「二十五菩薩練供養」が行なわれる。

第三章
極楽の世界

往生伝

仏の教えを守った者が往生できるという信仰

●極楽往生した人の伝記

極楽浄土に往生したと伝わる人々の信仰生活の実態を収録した、往生伝という書物がある。仏の教えは難解であり、庶民にはなかなか理解できるものではなかった。そのため実際に往生した人々の話をまとめることで、仏の教えをわかりやすく伝えるという目的のもと編《あ》まれたものである。日本では平安時代を中心に編纂された。

その端緒《たんちょ》となったのが、陰陽家《おんみょうか》賀茂忠行《かものただゆき》の次子で、下級官人だった慶滋保胤《よししげのやすたね》が十世紀末に編んだ『日本往生極楽記《にほんおうじょうごくらくき》』である。ここには聖徳太子《しょうとくたいし》や行基《ぎょうき》といった僧俗の男女計四十五人の往生伝が収録されており、仏道に仕える者のみならず、私度僧《しどそう》や出家《しゅっけ》をしていない一般の男女が極楽往生を遂げた話を収録しているという特徴を持つ。

その中身をひも解いてみると、陸奥国小松寺《むつのくにこまつでら》の僧玄海《げんかい》は、あるとき腋《わき》の下から羽が生える夢を見て、その羽で極楽浄土へと行った。ところが一人の僧が出てきて、三日後にまた

中世に成立した主な往生伝

書　名	作　者	内　容
『日本往生極楽記』	慶滋保胤	寛和年間（985－987年）に成立。聖徳太子、行基をはじめとする僧俗男女45名の往生伝を収録。『法華験記』や『今昔物語集』にも一部が再録されている。
『大日本国法華経験記』	鎮源	長久年間（1040－1044年）に成立、菩薩や僧俗男女、異類の往生伝を収録する。
『続本朝往生伝』	大江匡房	1102－1103年の成立。天台系の浄土教信者を中心に42名の往生伝を収録。
『拾遺往生伝』『後拾遺往生伝』	三善為康	1139年までに成立。『拾遺往生伝』は95名、『後拾遺往生伝』は75名を収録。高僧や神仙の往生伝も収録しているのが特徴。
『三外往生記』	蓮禅	成立年代は不明。大江匡房、三善為康による往生伝の遺漏を補った内容。慶政による51名収録の写本（1220年）が広まった。
『高野山往生伝』	如寂	1187年頃の成立。覚鑁をはじめとする高野山の往生者を中心に38名を収録。
『念仏往生伝』	行仙	成立年代は不明。鎌倉時代前期の念仏往生者の伝記を収録。一部のみが残り伝わっている。

来いといって帰される。そして三年後、その浄土に往生することができたという。これは、浄土の一日がこの世の一年であるという考えが下地にあったことを示すものだ。

また、大和国元興寺《やまとのくにがんごうじ》の僧智光《ちこう》は、友人の僧頼光《らいこう》が亡くなったのち、夢の中で彼が極楽に往生できたことを知る。生前の頼光はあまり修行に精を出していなかったため、智光は驚いた。そんな頼光が智光に向かい、「お前は極楽に行くことはできない」と言い放ったのである。そして自分は極楽のことばかり考えていたため往生できたと語った。そこで智光は極楽の有様を描いた『智光曼荼羅《まんだら》』を作り、ひたすら浄土の観想を行なった。その結果、極楽に行くことができたという。当時の往生観が垣間《かいま》見える内容である。

●善人による往生伝

この往生伝を皮切りに、鎮源《ちんげん》の『大日本国法華経験記《だいにほんこくほっけきょうげんき》』、大江匡房《おおえのまさふさ》の『続本朝往生伝《ぞくほんちょうおうじょうでん》』、三善為康《みよしためやす》の『拾遺《しゅうい》往生伝』などが編まれた。『大日本国法華経験記』は『法華経』を信仰することによって往生したという人々の伝記であり、阿弥陀如来の極楽浄土に対してはあまり関心を持たない人が多いという特徴を持つ。焼身自殺をしたり、前世が畜生道《ちくしょうどう》にあった人が往生する話などが収められているが、いずれも人知れず山に籠《こも》り、ひたすら『法

一般衆生に説かれた往生者の伝記

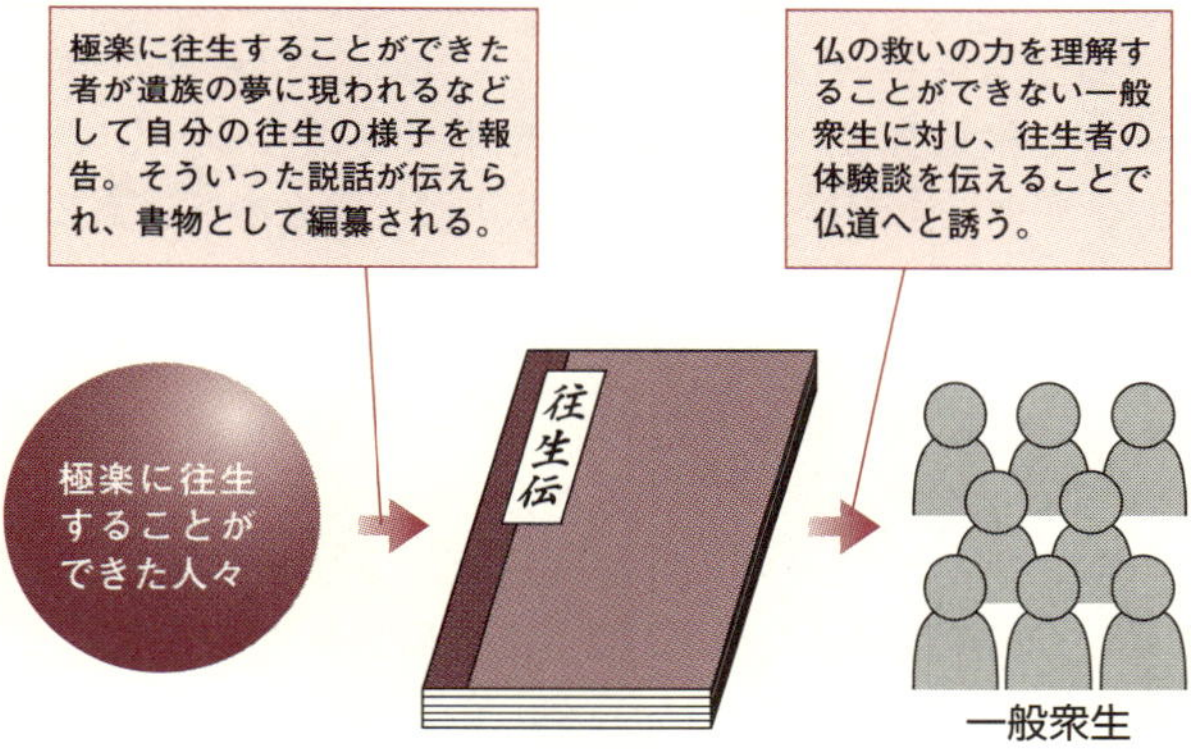
極楽に往生することができた者が遺族の夢に現われるなどして自分の往生の様子を報告。そういった説話が伝えられ、書物として編纂される。
仏の救いの力を理解することができない一般衆生に対し、往生者の体験談を伝えることで仏道へと誘う。
極楽に往生することができた人々
往生伝
一般衆生

往生伝は、往生者がどのように極楽浄土に行くことができたかを明らかにするとともに、一般衆生を仏道に誘うという目的があった。

華経』を称えることで往生できると伝える。

『続本朝往生伝』は、一条《いちじょう》天皇や後三条《ごさんじょう》天皇、藤原道長の子頼宗《よりむね》などが往生者として登場するが、ほかにも殺生を犯した武士が登場する。それに対して『拾遺往生伝』は、毎日一万回の念仏を称えた僧永観《ようかん》など清廉《せいれん》な生活を送った人が往生者として描かれている。

どの往生伝にも共通するのは、日々善行を積み、仏の教えを守る生活を送った善人が往生できるとしている点である。しかしそれでは庶民の大多数の者が往生することができない。そこで庶民でも往生できるという希望を与えるため、全体で言えばほんのわずかではあるが、悪人でも往生することができるという伝記が収録された。

こらむ・諸宗教の他界観④

ゾロアスター教の天国と地獄

ゾロアスター教は古代ペルシアにおいて生まれた宗教である。創造神アフラ・マズダを唯一無二の神として信仰し、光や火を崇拝することから、拝火教《はいかきょう》とも呼ばれる。

ゾロアスター教では、死者の魂は死後の審判を受け、その結果によって天国、地獄、中間界（ハミスタガーン）のいずれかに送られるとされた。

天国は４階層となっており、下層から善思界、善語界、善行界、ガロー・デマーン（歌の家）となっている。善思界には正しい思いを抱いている霊魂が入り、善語界には正しい言葉を用いていた人が入る。善行界には正しい行ないをした人が入り、そしてアフラ・マズダの住処とされるガロー・デマーンには正しい思いを抱き、正しい言葉を用い、正しい行ないをしていた正信《しょうしん》の徒《と》のみが入ることができる。

地獄も同様に４階層となっており、上層から悪思界、悪語界、悪行界、ドルージョ・デマーン（嘘の家）となっている。最下層のドルージョ・デマーンは邪神アフリマンの住処となっており、暗闇に覆われ、悪臭の漂う場所だという。そこでは生前の罪の深さに応じて拷問《ごうもん》が行なわれるが、他宗教とは違い、火を崇《あが》めていることから火による責め苦がないという特徴を持つ。また、中間界には生前における善と罪の割合が等しい者が住む。

しかし、これらの世界は、あくまでも終末を迎えるまでの一時的な避難所に過ぎない。この世が終末を迎えるとき、救世主であるサオシュヤントが到来し、善人も悪人も、天国も地獄もすべてを焼き尽くす。そして世界は理想的な形に再生され、ただ善のみが支配する永遠の天国となるのである。

第四章 日本人の地獄と極楽

六道輪廻と十界互具

生前の行ないによって変わる転生先

●死後の迷いの世界「六道輪廻」

仏教では、死後、生前の業《ごう》に従って六つの世界において転生《てんしょう》を繰り返すとされた。これを六道輪廻《ろくどうりんね》という。

原始の段階から人は死後、鳥獣や草木、ほかの人間に転生するという概念があったが、前八世紀頃にインドで生前の行ないと転生後の運命が因果《いんが》関係にあると説《と》かれるようになる。

この考えが仏教に取り入れられると、死後の転生先として迷いの世界である六道、すなわち天道《てんどう》、人道《にんどう》、阿修羅道《あしゅらどう》、畜生道《ちくしょうどう》、餓鬼道《がきどう》、地獄道《じごくどう》が成立した。これらの世界にいる限り、たとえ死んだとしてもいずれかの世界に転生し、苦しみと迷いの輪廻を繰り返すことになる。

これらの六道の中で、最下層に位置付けられるのは地獄道である。地獄の恐ろしさにつ

六道輪廻

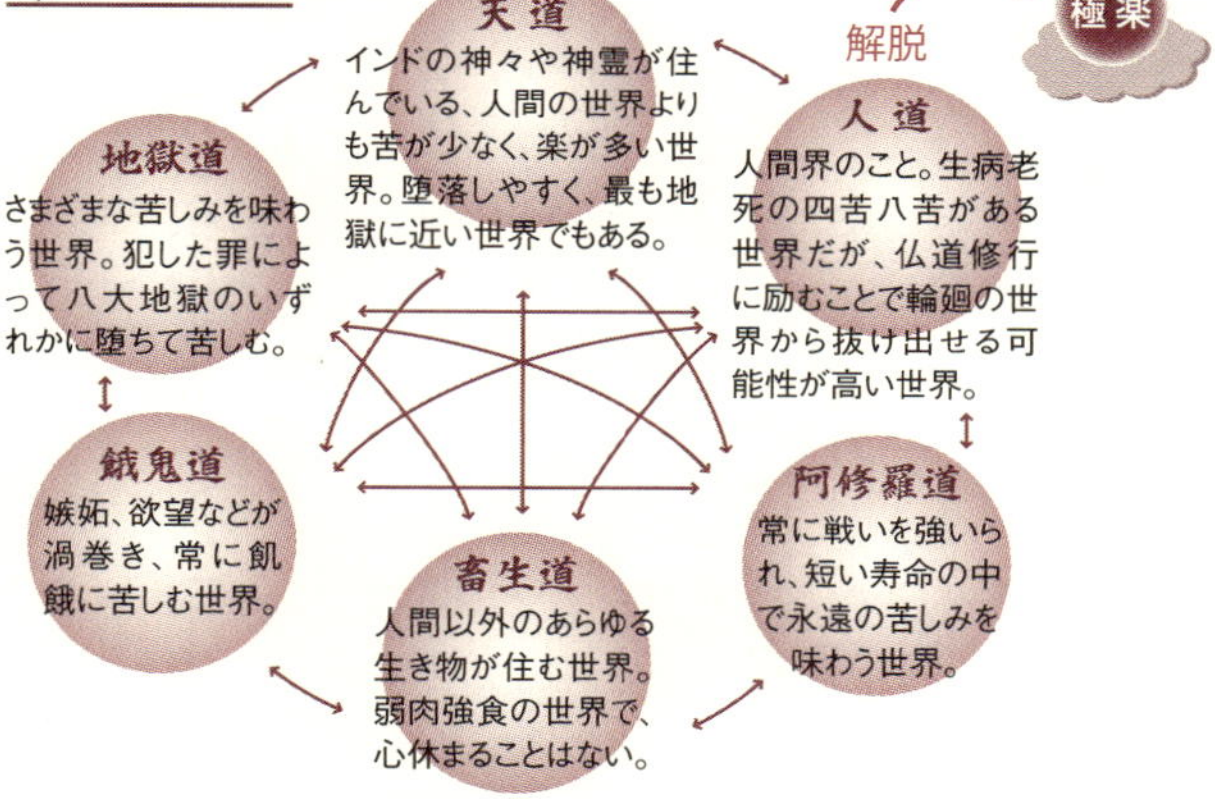
極楽
解脱
天道
インドの神々や神霊が住んでいる、人間の世界よりも苦が少なく、楽が多い世界。堕落しやすく、最も地獄に近い世界でもある。
人道
人間界のこと。生病老死の四苦八苦がある世界だが、仏道修行に励むことで輪廻の世界から抜け出せる可能性が高い世界。
地獄道
さまざまな苦しみを味わう世界。犯した罪によって八大地獄のいずれかに堕ちて苦しむ。
餓鬼道
嫉妬、欲望などが渦巻き、常に飢餓に苦しむ世界。
阿修羅道
常に戦いを強いられ、短い寿命の中で永遠の苦しみを味わう世界。
畜生道
人間以外のあらゆる生き物が住む世界。弱肉強食の世界で、心休まることはない。

すべての生き物は死後、生前の行ないによって六道に振り分けられる。これを六道輪廻という。

いては前述の通りであるが、生前に五戒《ごかい》を破るなど最も罪深き者が転生する世界である。

それに対し、極楽浄土への入口に最も近い位置にあるといわれるのが人道である。

その理由として、六つの世界の中で、仏の教えを聞き、仏道を実践することができるのは唯一人間のみであるからということが挙げられる。

一見、前世での善業が著しかった者が向かう天道の方が極楽浄土に近いと考えられるだろう。しかし、じつは天道の世界は、苦が少なく楽に満ちた世界であるために快楽に流されやすく、高慢に陥り、墜落しやすい場所なのである。

そのため天道は、地獄に最も近い世界だと

される。

●地獄から仏の世界に至る「十界互具」

大乗《だいじょう》仏教では、この凡夫《ぼんぷ》の迷いの世界である六道に、聖者《しょうじゃ》の悟《さと》りの世界である四聖《しせい》を加えた十の世界があるとも考えられている。四聖とは、仏の教えを聞いたが自己の修行により悟りを開いたと思う声聞《しょうもん》、自力で悟りを開くが他者には教えを説こうとしない縁覚《えんがく》、すべての人々を悟りに導こうとすることで自らも悟りの完成に至ろうとする菩薩《ぼさつ》、究極の覚者《かくしゃ》・仏である。

この四聖のうち、仏界以外は迷いと苦しみの世界にある。しかしこれら十界は、それぞれほかの九界を自己の中に本来具《そな》えているとする。これを十界互具《じっかいごぐ》という。

これは中国天台宗《てんだいしゅう》の開祖智顗《ちぎ》が教義としてまとめたものであるが、たとえ地獄に堕ちたとしても極楽で仏となる可能性があり、仏であっても迷界に堕ちることがあるというものである。

つまり極楽や地獄は絶対的なものとして存在しているわけではない。そのため、時代を経るに従い、さまざまな極楽観、地獄観が誕生するに至った。

天台宗で説かれる十界互具の概念

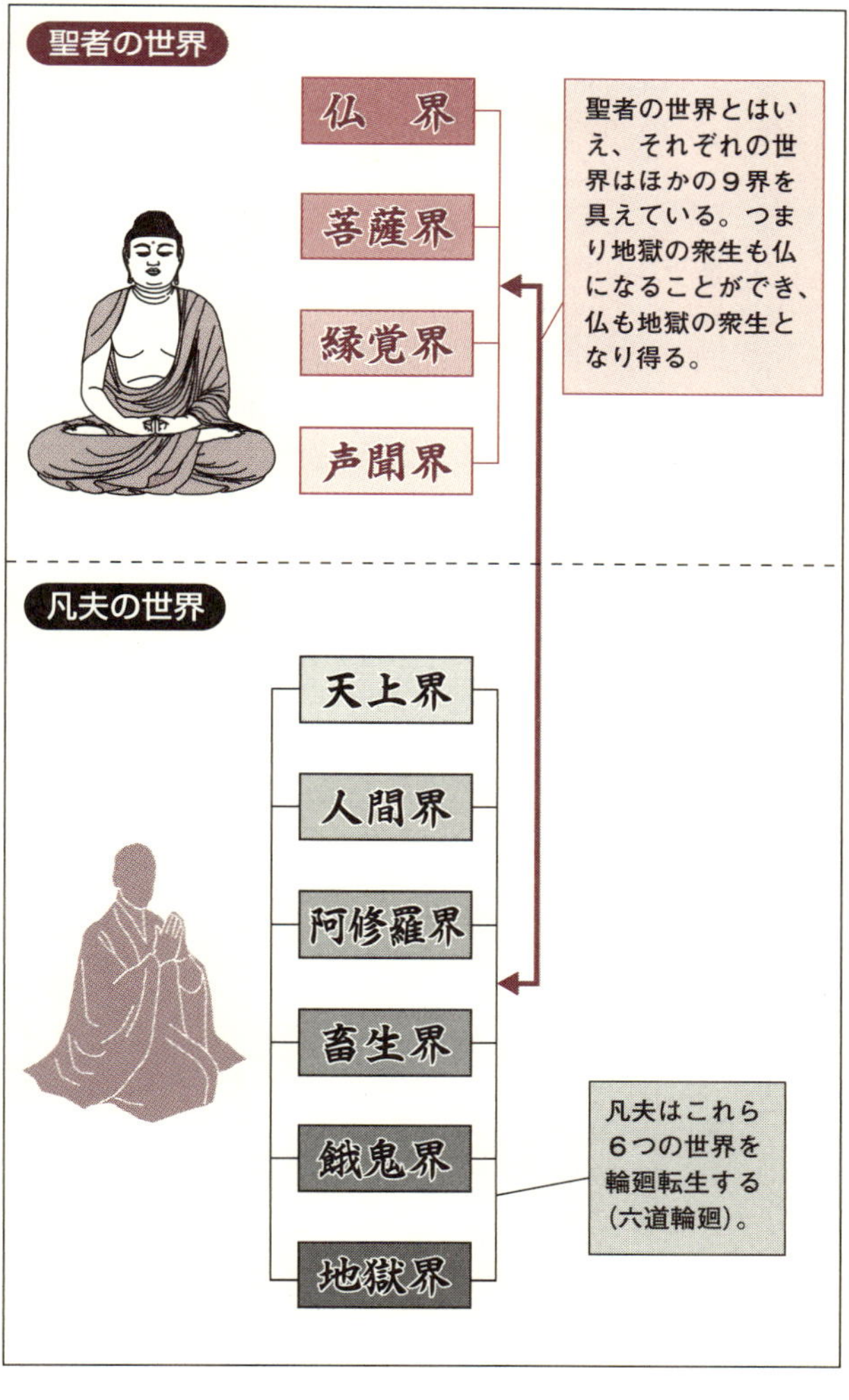
聖者の世界
仏　界
菩薩界
縁覚界
声聞界
聖者の世界とはいえ、それぞれの世界はほかの９界を具えている。つまり地獄の衆生も仏になることができ、仏も地獄の衆生となり得る。
凡夫の世界
天上界
人間界
阿修羅界
畜生界
餓鬼界
地獄界
凡夫はこれら６つの世界を輪廻転生する（六道輪廻）。

天道

歓喜に満ちた楽園ながら地獄に最も近い世界

●極まりない歓喜の広がる世界

天道《てんどう》とは、天人《てんにん》が住むといわれる天上界《てんじょうかい》のことである。この世界には、前世《ぜんせ》において多くの善行を積んだ者が転生することができる。

天道は欲界《よくかい》、色界《しきかい》、無色界《むしきかい》の三つに分かれる。

欲界とは、食欲、淫欲《いんよく》、睡眠欲などといった本能的な欲望が盛んな世界のことで、弥勒《みろく》菩薩の住む兜率天《とそつてん》や帝釈天《たいしゃくてん》が住む忉利天《とうりてん》もこの世界にある。

色界とは、欲界のように欲や煩悩《ぼんのう》はないが、無色界ほど物質や肉体の束縛から脱却していない世界のことをいう。初禅《しょぜん》、第二禅、第三禅、第四禅という四禅を修めた者が生まれる天界である。この世界は、欲界の上、無色界の下にある。

無色界とは、物質や肉体の束縛からは脱却し、受《じゅ》・想《そう》・行《ぎょう》・識《しき》の四蘊《しうん》という心の働きのみからなる世界のことである。

三界からなる天道

無色界

欲望や肉体から解脱し、心の働きのみを持つ生物が住む世界。

- 非想非非想処
- 無所有処
- 識無辺処
- 空無辺処

色　界

欲望は超越したが、肉体を有する生物が住む世界。

- 色究竟天
- 善見天
- 善現天
- 無熱天
- 無煩天
- 廣果天
- 無想天
- 福生天
- 無雲天
- 遍照天
- 無量浄天
- 少浄天
- 光音天
- 無量光天
- 少光天
- 大梵天
- 梵輔天
- 梵衆天

欲　界

欲望が盛んに渦巻く世界。六道の各世界はここに位置する。

- 他化自在天
- 楽変化天
- 兜率天
- 夜摩天
- 三十三天（忉利天）
- 四大王衆天

須弥山世界よりも上空に存在。（非想非非想処～少光天）

須弥山世界の上部に存在。（大梵天～四大王衆天）

このうち諸天中の天帝《てんてい》である帝釈天の住まう忉利天の世界を見てみると、そこにはきらびやかな宮殿がそびえている。

その南方には、毎日のように宴会が催されている雑林苑《ぞうりんおん》と呼ばれる庭園が広がり、天人はそこで五つの音のハーモニーが織り成す音楽を聞きながら、蜜のように甘く、不死を得るとされる甘露《かんろ》を飲む。

また宮殿の北に広がる歓喜苑《かんぎおん》に入る人はみな歓喜の心を生じるとされ、ここに生えている劫波樹《こうはじゅ》から衣服や装身具などを必要に応じて出してくれるため、何一つ不自由のない生活を送ることができる。

このように天道は、まさに快楽極まりない喜びに満ちた世界なのである。

●天人の最期のとき

しかし、そんな天人にも寿命がある。寿命を迎えた天人には、五衰《ごすい》の相が身体に現われるという。

五衰の相とは、華の髪飾りが萎《しお》れてしまうこと、羽衣《はごろも》が塵《ちり》や垢《あか》で汚れてしまうこと、腋の下に汗をかくこと、眼がくらんでしまうこと、歓喜の場所であった世界が楽しくなく

こらむ・地獄秘話

『源氏物語』に登場した源信

平安時代を代表する長編小説『源氏物語《げんじものがたり》』。そこに、『往生要集《おうじょうようしゅう》』を著わし浄土教を広く知らしめた源信がモデルとされる「横川《よかわ》の僧都《そうづ》」が登場する。80歳余りの母と五十歳余りの妹を持つ僧都は、あるとき、母の身を案じて山を下った折りに若く美しい女性、浮舟《うきふね》が倒れているのを発見し保護する。ところが浮舟がいつまでも正気に戻らないため、僧都は修行の山籠もりを中断し、浮舟のために修法を行ない蘇生させた。また別の場面では物の怪に悩まされていた皇后一の宮への加持祈祷《かじきとう》を行ない、天台座主《てんだいざす》でも手に負えなかった物の怪を見事に調伏するなど、優れた呪力《じゅりょく》を発揮する尊い僧として描かれている。

なってしまうことである。

五衰の相が現われた天人は、ほかの天人や天女《てんにょ》から雑草のように見捨てられてしまう。誰も助けてくれようとする者はおらず、歓楽を極めていただけに、その苦しみは並大抵のものではない。『正法念処経《しょうぼうねんしょきょう》』によると、地獄で受ける数多の苦しみでさえも、天人の死ぬときに味わう苦しみの十六分の一にも及ばないとされる。

死後は再び十王《じゅうおう》による裁きを受け、再び六道のいずれかの世界に転生する。しかし天道は一種の楽園であり、そこではいかに天人とはいえ、歓楽に流され、怠惰な生活を送ってしまいがちである。そのためこの天道は、最も地獄に近い世界とも考えられている。

人道

生・老・病・死の苦しみにまみれた人間の現世

現世もまた六道の中の一つ

仏教の思想において、我々人間の世界である現世を人道《にんどう》と呼ぶ。人道の世界は六道の中の天界の下に位置付けられている。

人道は、須弥山《しゅみせん》の周囲に浮かぶ四州《ししゅう》からなり、そこにはそれぞれ異なる人間が住んでいるという。

東の勝身《しょうしん》州には身長四メートルの人間が住み、その寿命は二百五十年である。西の牛《ご》貨《げ》州にも同じく四メートルの人間が住むが、その寿命は五百年である。北の倶盧《くる》州にはなんと身長十六メートルもの巨人が住み、その寿命も千年と長い。そして南の贍部《せんぶ》州に、我々のような人間が住む。

この人道は、前世において不殺生《ふせっしょう》、不偸盗《ふちゅうとう》、不邪淫《ふじゃいん》、不妄語《ふもうご》、不飲酒《ふいんしゅ》の五戒を修めるなど、品行方正に生きた者が転生できる場所とされる。

人道に転生するための要素

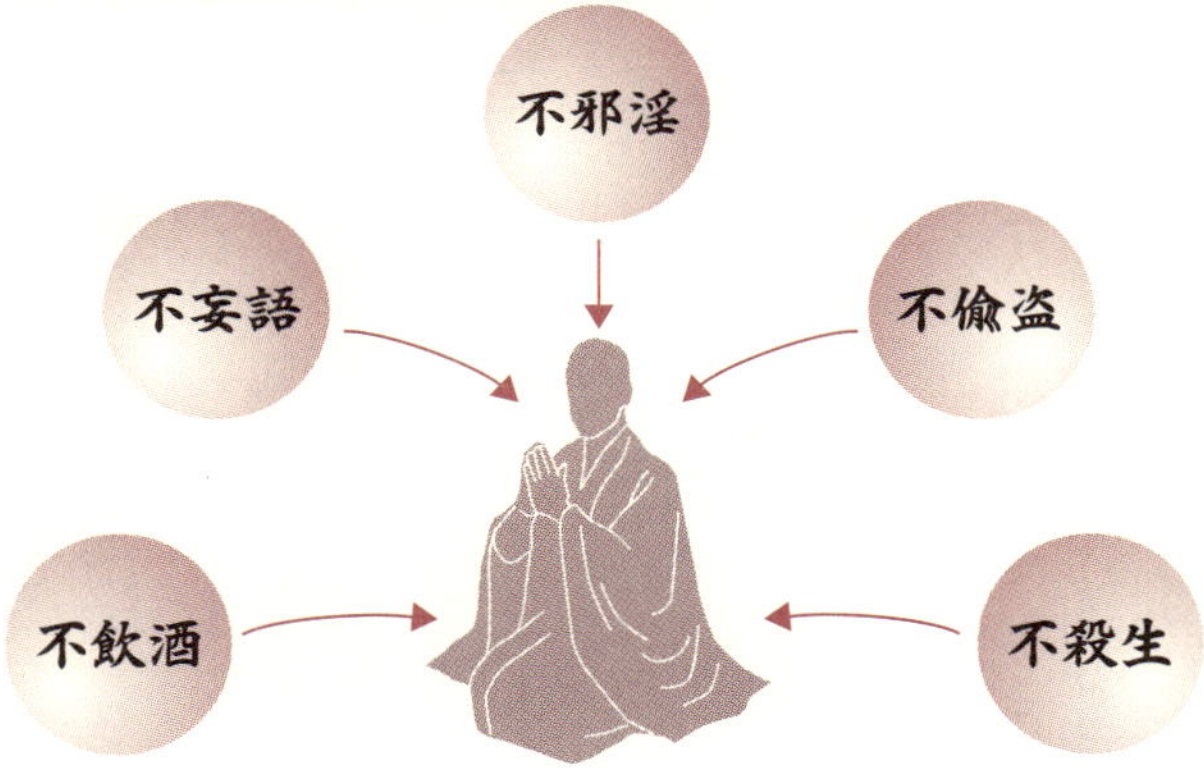

前世において、五戒を守るなど品行方正に生きた者が人道に転生することができる。

苦しみにまみれた人道を説く源信

源信《げんしん》は『往生要集《おうじょうようしゅう》』の中で、人道を三つの様相「不浄の相」「苦の相」「無常の相」に分けて、浄土への往生を目指すことを説く。「不浄の相」とは人の肉体の不浄を表わす。人間の身体は、三百六十の骨、九百の肉片、九百の筋と五臓六腑《ごぞうろっぷ》の内臓や腸によって成り立っているが、ここには八万もの小さな穴がある。生後七日も経つと、八万の虫がその穴に住みつき、人体を食い荒してさまざまな病苦を引き起こす。

そして死の直前には虫たちが互いを食らい合い、さらなる苦しみをもたらすことから、その様子を目にする親類縁者を悲しませることになる。最後に一匹の虫が生き残ることになるが、それが蛆虫《うじむし》であるという。

また、生前から人体は不浄であり、上等な料理を食べても一晩で不浄なものとなってしまう。

大便や小便が臭気を放つように、どんなに外見を取り繕《つくろ》ったところでその内面は常に穢《けが》れに満ちているのである。

愛し合う男女ですらみなこのような不浄の存在であると知れば、人間に愛着《あいちゃく》の心など生まれることはなく、これこそが淫欲を抑制する良薬であるという。

「苦の相」は、内には四百四病ともいわれるさまざまな病を発症し、外には暑さや寒さ、飢え、渇きといった苦悩、罪を犯して責め苦を受ける苦しみにさいなまれる。つまり、日常生活におけるすべてのことが苦しみだというのである。

「無常の相」とは、人の生のはかなさを説くもので、一日が過ぎるたびに死が近づくというものである。

このように人間は、生きていく上で生《しょう》・老《ろう》・病《びょう》・死《し》という苦しみから逃れることはできない。であるからこそ、源信は心から人間世界を厭《いと》い、離れようと願わなければならないと説いた。

人道の三相

苦　相

人はこの世に生を受けた瞬間から激しい苦悩を受ける。その後も、病苦、暑さ寒さ、飢えや渇き、自然災害など、さまざまな苦しみにさらされる。人の立ち居振る舞いすべてが苦しみなのである。

無常相

1日が過ぎるごとに確実に寿命が減っていくさまは、処分されるために引かれていく牛の歩みにも似ており、天や海、山に隠れた仙人でさえも死を免れなかったと、釈迦も説いている。死から逃れる術がないと知れば、心は恐怖に包まれ、安らかな眠りも食事の味も失なわれる。

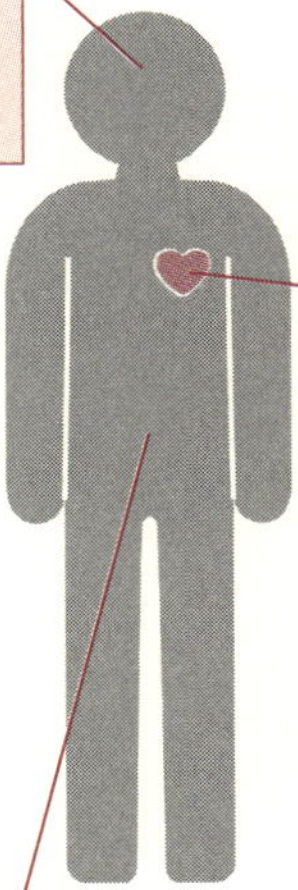

不浄相

人体には 8 万の小さな穴があり、生後7日経てばそれぞれの穴に虫が入り込んで体内を食い荒らし始め、これが病苦を生じさせる。人が死ぬときは、これら8万の虫が互いに食い合いを始め、その苦しみが、集まった親類縁者を悲しませる。また、どんなに上等な料理を食べても、1日経てば体内で不浄な糞に変わり、死後7日も経てば、腐って膨れ上がり、蛆が群がる。

源信は『往生要集』で人道の真の姿として3つの相を述べ、人間世界を厭離し極楽浄土を求めるよう説いている。

阿修羅道

煩悩にとりつかれ悪行をなした者が転生する戦いの場所

常に戦い続ける世界

仏教において輪廻転生を繰り返すとされる六道の中で、天道、人道の次に置かれるのが阿修羅道《あしゅらどう》である。『正法念処経』によると、須弥山の周りを囲む大海の下、あるいは餓鬼道の中に阿修羅道はあるとされる。

生前、善行を行なっても「怒り」「奢《おご》り」「愚かさ」という三つの煩悩にとりつかれ、悪行をなした者はこの阿修羅道に転生するとされた。

阿修羅はサンスクリット語でアスラという。アは否定の言葉で、スラは神、つまり「神ではない」という意味を持つ。もともと古代ペルシアの善神であったと考えられているが、古代インドにおいて武勇の神として崇拝されていたインドラに戦いを挑み続けたため悪神とされた。

のちにインドラは仏教に取り入れられて帝釈天として信仰を集めるようになり、阿修羅

阿修羅道

阿修羅道では、阿修羅と帝釈天による闘争が絶えず繰り返されているが、阿修羅が勝つことはない。（長岳寺蔵）

も仏法を護持《ごじ》する八部衆《はちぶしゅう》の一つに数えられるようになるが、この両者は天界において、常に戦い続けているのだという。

須弥山世界の北方の海中に住む阿修羅は、一日に三度海中から出て、須弥山の山頂にある忉利天に住む帝釈天に戦いを挑む。

しかし、彼らが勝つことはない。

阿修羅が五百由旬《ゆじゅん》もの巨大な金山を投げつければ、帝釈天は乗っている白象の鼻から猛風を巻き起こし、それを打ち砕く。

さらに阿修羅が金剛斉山《こんごうせいざん》を投げつければ、白象がそれを鼻で受け、そのまま阿修羅の胸に投げ返す。

そして帝釈天の白象が百頭の白象を出現させ、さらにそこから千万無量の帝釈天が現われ、それぞれの帝釈天が武器を手にして阿修羅軍を粉砕するのである。

しかし仏教の守護神である帝釈天が相手ではかなうはずもなく、阿修羅は常に負けることを宿命づけられている。

戦いがやまない世界

このように、阿修羅道は常に絶えることのない闘争が繰り返される世界なのである。『起世経《きせいきょう》』によると、その寿命は千歳であるが、その一昼夜は人間世界の百年にあたるという。

阿修羅たちは負け戦が続く中で、身体は常に傷つき、致命傷を負って若くして命を落とす者、精神的な苦痛から病死してしまう者もいる。日夜、戦いから解放されることはなく、心休まるときなどない。ただ雷鳴が鳴り響くのを聞いただけで、帝釈天の軍鼓《ぐんこ》かと震え上がり、泣き悲しむ者もいるという。憂《うれ》いと苦痛にさいなまれる、まさしく修羅場《しゅらば》の世界を生きるのである。

この阿修羅道は、かろうじて善道の部類に入る世界とされているが、一方でこれを地獄道に収めて五道とする考え方もある。

阿修羅道の世界

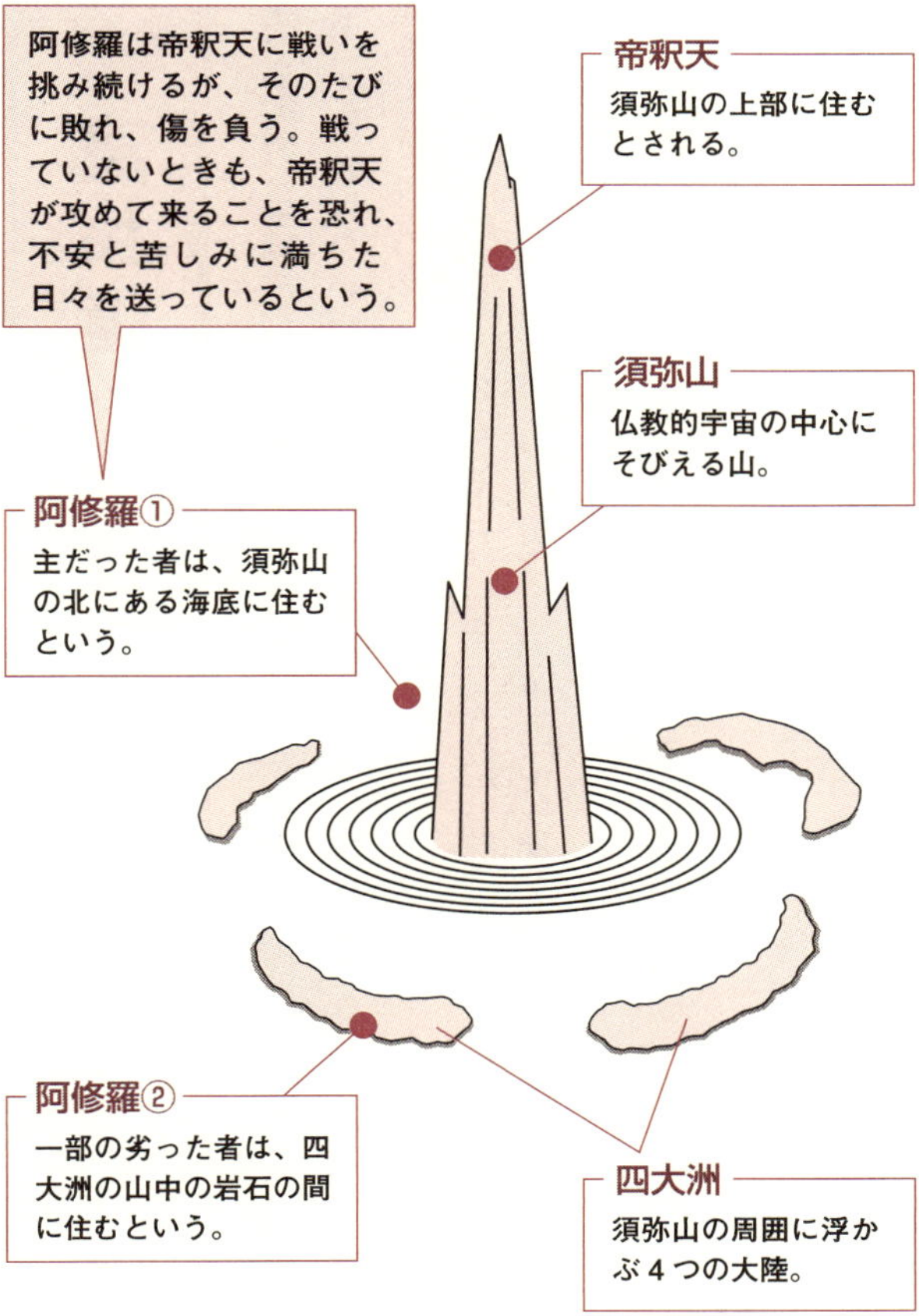
阿修羅は帝釈天に戦いを挑み続けるが、そのたびに敗れ、傷を負う。戦っていないときも、帝釈天が攻めて来ることを恐れ、不安と苦しみに満ちた日々を送っているという。
帝釈天
須弥山の上部に住むとされる。
須弥山
仏教的宇宙の中心にそびえる山。
阿修羅①
主だった者は、須弥山の北にある海底に住むという。
阿修羅②
一部の劣った者は、四大洲の山中の岩石の間に住むという。
四大洲
須弥山の周囲に浮かぶ４つの大陸。

阿修羅道の世界では常に戦いが繰り広げられているが、一方でその風景は美しく、阿修羅たちは立派な城に住み、衣食も天上界と同等のものが与えられるなど、必ずしも苦しみのみが与えられる世界ではない。

畜生道

弱肉強食が繰り広げられる救いのない世界

鳥類、獣類、虫類として転生

生前、悪業の行ないが善業より勝っていた者が生まれ変わる世界が、地獄、餓鬼、畜生の三悪趣である。

その一つである畜生道《ちくしょうどう》の畜生とは、獣、動物を指す。

『往生要集』によると、畜生の種類は三十四億にも及ぶが、それらは主に鳥類、獣類、虫類の三つに大別される。

彼らは須弥山世界に広がる大海を本拠とするが、のち人間界や天上界にも住まうようになった。

ここに生まれ変わるのは、生前愚かで恥知らずだった者、信心深い施《ほどこ》しを無駄に受けるばかりで、その償《つぐな》いをしなかった者たちである。

たとえば、生前におごり高ぶり利益を生まなかった者はマムシやイタチとなり、生前に

畜生道とは

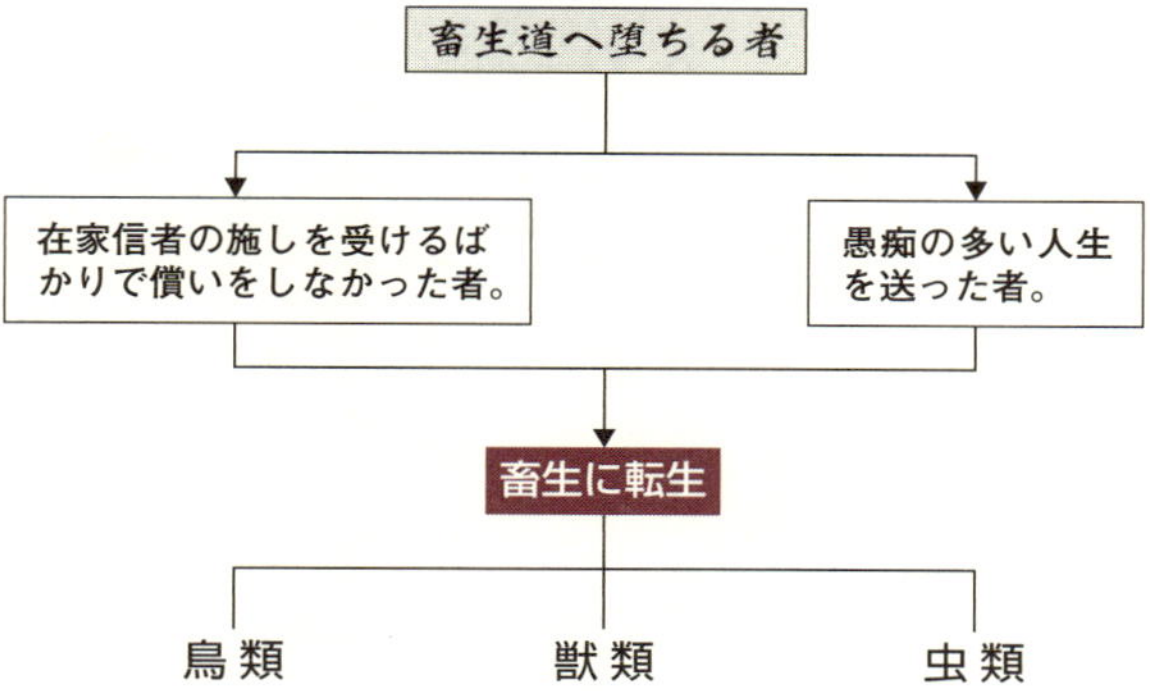
畜生道へ堕ちる者
在家信者の施しを受けるばかりで償いをしなかった者。
愚痴の多い人生を送った者。
畜生に転生
鳥類
獣類
虫類

畜生は鳥類、獣類、虫類に大別され、その種類は約34億種にも及ぶ。多くは海中に住むが、人間界や天上界に混じって生活するものもいる。

罪を犯したが布施《ふせ》を行ない、さらに来世《らいせ》で夫婦になることを誓った者は鳩《はと》やおしどりとなるのだという。

弱肉強食の世界

畜生道の特徴は、弱肉強食の世界であるということだ。

強い畜生は常に弱い畜生を攻撃し、あるいは捕食する。その強い畜生も、人間によって害される。

たとえば、魚類は漁師に釣り上げられて殺され、陸に住む動物は猟師に狩られてしまうのである。

また象や馬、牛などは人間の家畜として飼われる。鼻や首をつながれて重い荷物を背負わされ、ときには人に鞭《むち》打たれたりすることもあり、使役《しえき》されたまま、むなしく死んでいくこともある。

また、イタチなどは闇の中に生まれ、闇の中から出ることないまま死んでいく。

さらには、龍《りゅう》も畜生と考えられていた。龍は大海の中にある龍宮《りゅうぐう》に暮らすが、熱風によって身を焼かれ、強風によって身ぐるみをはがされ、幼い龍が金翅鳥《こんじちょう》に捕食されるという三つの苦しみ、「三熱《さんねつ》」におびえながら暮らさねばならなかった。

一口に畜生といっても、じつにさまざまな種類があるため、その寿命には長短があり、あるものはたった一日で死んでいく。

またあるものは百千万億劫《ごう》もの長きにわたり苦しみを受け続けたり、突然思いもかけぬ出来事によって無残な死を迎えたりするのである。

それでも畜生道は悪道の中では上部に属し、餓鬼道、地獄道よりは恵まれているとされる。

しかし動物である以上、仏の教えを自力で理解することはなかなか難しく、畜生道に輪廻してもめったに向上することはできない。そのため、救いの少ない世界ということもできる。

畜生道の苦しみ

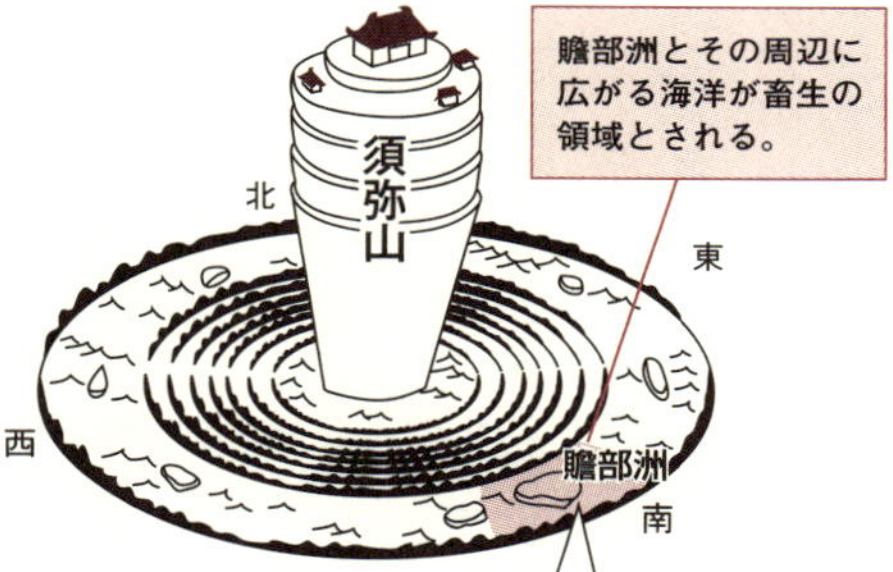

瞻部洲とその周辺に広がる海洋が畜生の領域とされる。
須弥山
北
東
西
瞻部洲
南

畜生道の苦しみ

弱肉強食の苦

畜生は常に弱肉強食の争いを続けているため、昼夜問わず心が休まることがない。しかも生き残った畜生も人間によって殺されてしまう。

殺戮の苦

水中に住むものは漁夫に捕らえられて調理され、食べられてしまう。また陸に住むものは猟師に狩られ、調理され食べられてしまう。

拷問の苦

牛、馬、象などの家畜は人間に飼われ、鼻や首をつながれて重い荷を背負わされることもある。また、ときには鞭を打たれてしまう。

死の苦

あるものは短時間であっけなく死んでしまい、またあるものは、百千万億劫にもわたる長期間、苦しみを受け続ける。予想外の出来事で無残な死に方をするものもいる。

救われない苦

畜生は仏の教えを理解することが困難であり、仏道に励むことができない。そのため輪廻転生しても向上することは滅多になく、救いがない世界でもある。

餓鬼道

欲が深く贅沢を貪る者が亡者として生まれ変わる

欲深き者が堕ちる飢餓地獄

畜生道と地獄道の間にある餓鬼道《がきどう》は、生前に善行を積むことなく、欲が深く、贅沢《ぜいたく》を貪《むさぼ》り、過度なそねみ、ねたみ心を持った者たちが餓鬼の姿となって生まれ変わる場所である。

餓鬼の世界は二つあるといい、一つは人間世界から地下に五百由旬行ったところにある国で、ここは閻魔王《えんまおう》の支配下にあるという。もう一つは、人間界と天上界の間にあるとされる。

これらの世界で餓鬼は常に飢えと渇きに苦しめられるわけであるが、食べることができるものが限られているという特徴がある。

自分だけが美食を楽しみ、家族に一切分け与えなかった者がなる「食吐《じきと》」は、人が吐き出した物しか食べることができない。そのため、誰かが吐き出した物を求めてさまようこ

餓鬼道とは

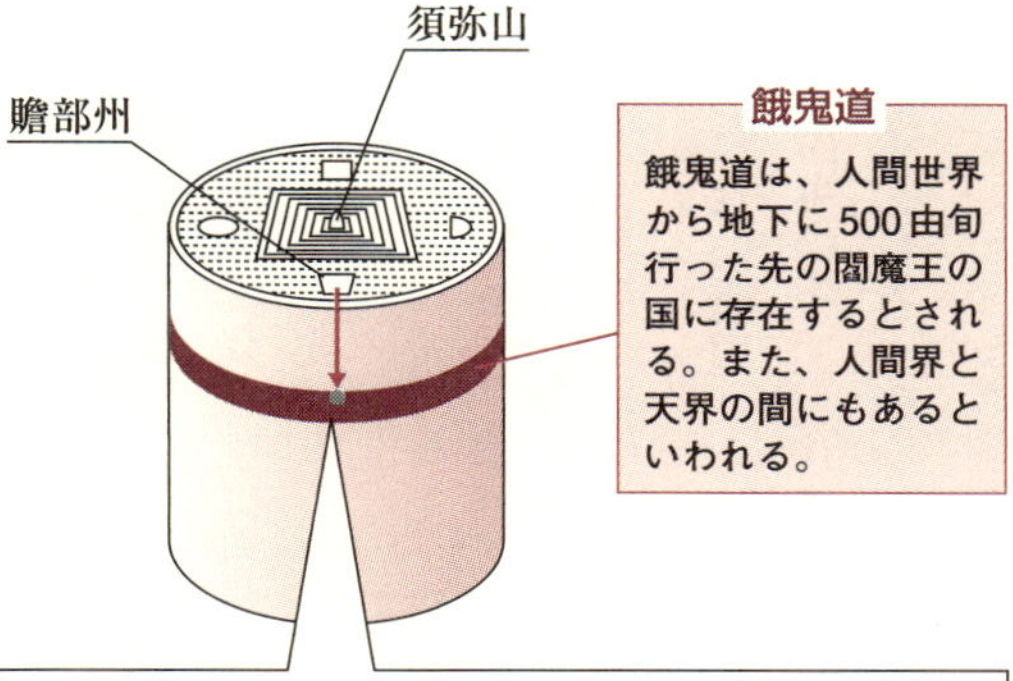
須弥山
贍部州
餓鬼道
餓鬼道は、人間世界から地下に500由旬行った先の閻魔王の国に存在するとされる。また、人間界と天界の間にもあるといわれる。

〈餓鬼の一例〉

鑊身《かくしん》

人間の倍の身長があるが、顔がなく、手足は釜の足のように細い。常に火に焼かれている。生前に殺生を行なった者がなる。

針口《しんこう》

口は針のように細いが、腹は山のように膨れている。目の前に食べ物があっても、口が細すぎて食べることができない。貪欲なため布施をせず、仏法を信じなかった者がなる。

食吐《じきと》

身長が半由旬もあるが、食べた物を必ず吐き出してしまう。自分だけ美食を楽しんで、配偶者や子供には与えなかった者がなる。

食法《じきほう》

体は黒く、いつも涙を流している。食糧の代わりに説法を食べることで命をつないでいる。名声や私欲のために間違った説法を行なった者がなる。

食水《じきすい》

のどが渇いて水を求めるが、鬼に杖で打たれて飲むことができない。水から上がった人の足に付いた水滴などをなめて命をつないでいる。水で薄めた酒を売った者がなる。

悕望《けもう》

亡くなった父母のために供えられた物しか食べることができない。善人が手に入れた物をだまし取った者がなる。

『正法念処経』によると、36種類の餓鬼がいるとされる。

となるが、手に入れることはできず、常に飢えを強いられる。

他人の物をだまして奪い取った者がなる「悕望《けもう》」は、この世の人が亡き父母の追善供養のために供えた物だけを食べることができる。

生前に牢獄の看守をしていて囚人の食べ物を奪った者は、墓地で焼かれた死骸だけを口にできる餓鬼になる。

またある餓鬼は昼と夜に自分で産んだ五人の子を食べ、ある餓鬼は自らの脳を割って脳みそを取り出して食べる。中には糞や涙、皿に洗い残した食べ物しか食べられない餓鬼もいる。

しかし彼らはいくら食べても満腹感を得られず、常に飢餓感に襲われる苦しみを味わうのである。

食べられない餓鬼

数ある餓鬼の中で、食べることができない餓鬼もいる。生前、財物を得るためにむやみに殺生を犯した者がなる「鑊身《かくしん》」は、身長が人間の二倍以上もあるのに顔がなく、手足が釜のようになっていて常に炎が自らの身体を焼く。また、口が針の穴のように細く小さい

こらむ・餓鬼道秘話

施餓鬼会

施餓鬼会《せがきえ》は仏教行事の１つで、餓鬼に浄水や食物を供え、施しをする法会のことである。その起源については『救抜焔口餓鬼陀羅尼経《くばつえんくがきだらにきょう》』で語られ、それによると、あるとき釈迦《しゃか》の十大弟子のひとり、阿難《あなん》が修行しているところに餓鬼が現われ、「お前は３日後に死に、餓鬼道に堕《お》ちる」と宣告した。驚いた阿難が釈迦に助けを求めたところ、「その苦から逃れたければ、三宝《さんぼう》を供養《くよう》し、また無数の餓鬼たちに食物を施して供養せよ。さすればその功徳《くどく》により、餓鬼も救われ、お前も救われるだろう」と言われた。

阿難はその供養によって難を避けることができ、さらには長寿を得たという。

ため、飲み食いする方法がない餓鬼もいる。

このような餓鬼たちは、人間世界の一か月を一昼夜として五百年、餓鬼道で飢餓の苦しみを味わうことになる。ただし寿命を遂げたとしても、その後、人間に転生できることは滅多にないという。

また、一説によると、前世の因縁《いんねん》により畜生に転生するともいわれる。

人類は古今東西、幾度も飢餓に悩まされてきたが、切羽《せっぱ》詰まった状況に陥った人々は他人のことを考えるゆとりを失ない、肉親のことすら忘れ、人の肉を食らうなどの惨状を生み出してきた。そのため、この餓鬼道は浅ましい人間の姿を投影させたものだともいわれる。

奈良仏教の浄土観

弥勒菩薩信仰から阿弥陀如来信仰へ

●地獄への関心の低さ

さまざまな地獄絵が現代に伝わる中、地獄の形状を表わしたものとして最古と見られているのが、東大寺《とうだいじ》二月堂《にがつどう》の本尊である金銅《こんどう》毛彫《けぼり》光背《こうはい》に見られる図様だ。これは、奈良時代の作品である。

そこには、火焔《かえん》の中で苦しむ罪人と、それを責め立てる獄卒《ごくそつ》とが描かれているが、あくまでも光背の端に、しかも略画的に刻まれているに過ぎず、仏や菩薩が像として造形化されていったのに比べると、地獄についての関心はあまり高くなかったように思われる。

前述のように、この時代の地獄観は死後の世界というよりも、あくまでも現世の延長として捉えられており、仏教伝来以前に根付いていた黄泉国《よもつくに》の観念が、まだ奈良時代には残っていたのである。

しかし、奈良時代の日本において地獄観が定着しなかったのには、当時の仏教界を牽引

発達しなかった地獄観

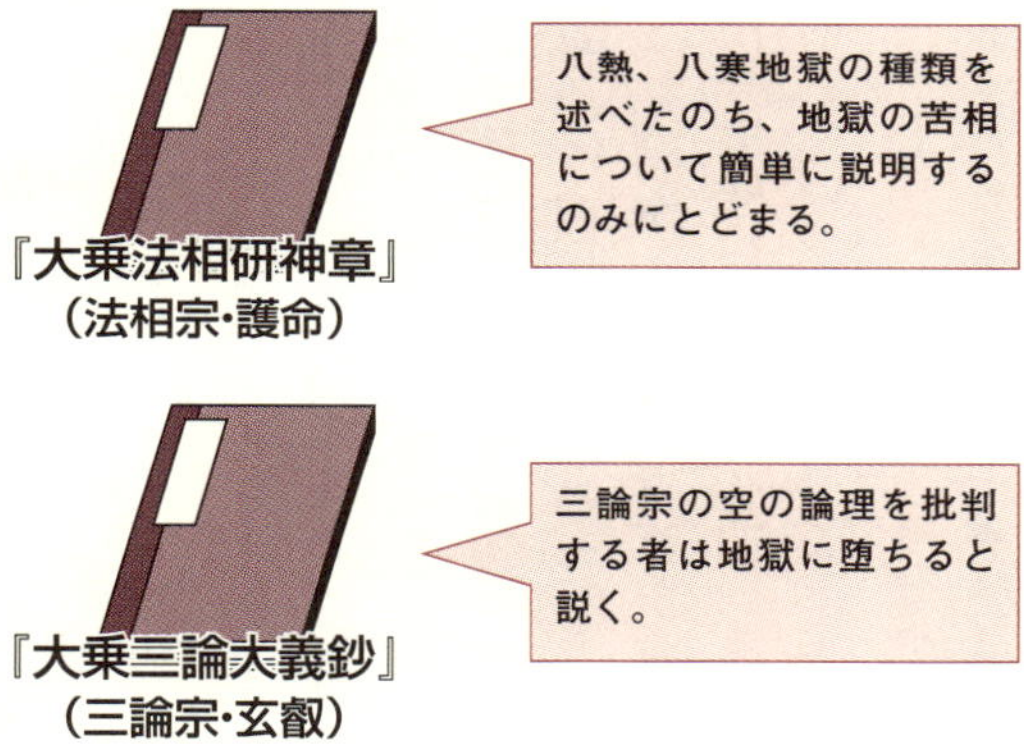
八熱、八寒地獄の種類を述べたのち、地獄の苦相について簡単に説明するのみにとどまる。

『大乗法相研神章』

（法相宗・護命）

三論宗の空の論理を批判する者は地獄に堕ちると説く。

『大乗三論大義鈔』

（三論宗・玄叡）


奈良時代の学僧たちの間では、地獄は学問的視点からの解説に留まり、あまり地獄観は発展しなかった。

していた南都《なんと》仏教の学僧たちの、地獄に対する関心の低さも一因になっていると思われる。

南都仏教の各派はまとめて南都六宗と呼ばれるが、これらの宗派では学派的要素が強く、教理の研究を中心に行ない、高度な学問仏教を形成していた。そのため、地獄観については学問的視点に立ち、地獄の苦相について解説するのみにとどまっている。高度な教学論を論じる彼らにとって、地獄の存在は仏教の経典に示されていることから知っておくべき知識ではあったが、自分たちには無縁の世界として捉えていたのだと思われる。

浄土への憧憬

一方で、浄土への往生を願う信仰は早くか

ら根付いていたようである。仏教が伝来した飛鳥時代から浄土の図像化が始まり、聖徳《しょうとく》太子《たいし》が亡くなった際、彼の妃《きさき》である橘大郎女《たちばなのおおいらつめ》が太子を偲《しの》び、太子が往生したとされる天寿国《てんじゅこく》の様子を表わした『天寿国繍帳《しゅうちょう》』を作っている。ただし天寿国という言葉は仏教の経典にはなく、どのような浄土なのかはわかっていない。

また、この頃は阿弥陀如来信仰よりも弥勒《みろく》菩薩信仰が盛んであり、弥勒菩薩の治める兜《と》率天《そつてん》浄土への往生を願うため、弥勒菩薩の造像がしきりに行なわれていた。

奈良時代に入っても弥勒菩薩信仰は盛んだったが、聖武《しょうむ》天皇の后であった光明《こうみょう》皇后により阿弥陀如来信仰が進展するようになる。

天平宝字《てんぴょうほうじ》四年（七六〇）に営まれた光明皇后の七七斎《しちしちさい》では、国ごとに阿弥陀浄土の図像と『称讃浄土経《しょうさんじょうどきょう》』の書写が命じられている。さらに翌天平宝字五年（七六一）には各地の国分尼寺《こくぶんにじ》に対し、阿弥陀三尊像の安置が命ぜられた。このようにして阿弥陀如来の造像が増えていった。また、天平年間（七二九－七四九）に浄土院が建築されており、国分寺の詔《みことのり》にも「浄土」という言葉が見られることから、この頃には浄土という概念があったと考えられる。こうして奈良時代の末期頃には阿弥陀浄土信仰が高まっていったのではないかと思われる。

弥勒菩薩とは何か

・釈迦の入滅の際、仏教の真髄をすべて伝えられ、それと同時に兜率天で修行をしてこの世に下生し、人々を救ってほしいと言われる。

・釈迦入滅の56億7000万年後、弥勒菩薩が一切の衆生を救い、世界は仏国楽土となる。このとき弥勒菩薩は悟りを開いて如来になるとされる。

弥勒菩薩信仰は仏教伝来とともに広まり、日本に根付いた。

飛鳥・奈良時代のおもな浄土美術

時代	名　称	内　容
飛鳥	天寿国繍帳	聖徳太子の妃橘大郎女が、太子が往生した天寿国の様子を刺繍で表わしたもの。
奈良	阿弥陀浄土図	８世紀初頭、法隆寺金堂の壁に描かれる。東西南北に描かれた四方浄土の１つ。
	当麻曼荼羅	中央に阿弥陀如来が描かれ、その脇に観音、勢至菩薩を従える。極楽が華やかに表現されている。
	阿弥陀五尊像	阿弥陀如来と観音、勢至菩薩、その背後に比丘を配する。浄土の情景を表現した図像。

前世において、五戒を守るなど品行方正に生きた者は人道に転生することができる。

平安貴族の地獄観

自らの罪業を贖うために用いられた地獄屏風

地獄屏風で悔過の心を喚起

平安時代の地獄観は、主に貴族の間で発展を遂げていく。

それを端的に示したものが、毎年十二月中旬前後の三日間、宮中の清涼殿《せいりょうでん》で営まれた仏名会《ぶつみょうえ》である。

もともと奈良時代から仏前で罪咎《ざいきゅう》を懺悔《ざんげ》し、二度と同じ過ちを繰り返さないことを誓う悔過《けか》の儀式が行なわれていた。

それが発展し、平安時代初期には、仏の名を称え、礼拝することで地獄に堕ちないですむという方広《ほご》悔過が年末に行なわれるようになったのである。

仏名会は承和《じょうわ》五年（八三八）に初めて催されたとされる。仏名会は、『仏名経《ぶつみょうきょう》』の教えに基づき、過去・現在・未来の三世の仏の前で罪を懺悔し、滅罪を願う法要である。清涼殿には三世の仏・一万三千を描いた曼荼羅《まんだら》が掛けられ、これを本尊とした。そしてこの

仏名会の概要

過去、現在、未来にわたる一切の仏である1万3000の仏を描いた曼荼羅を本尊とする。
1万3000に及ぶ仏の名号をひたすら称え、1年の罪業消滅を願う。
残酷な地獄の様子が描かれた地獄屏風。

辟邪絵

陰陽道の鬼神である天刑星。この絵巻は悪鬼を退散させる善神を表わした辟邪絵であり、かつて仏名会で用いられていた地獄屏風と何らかの関連があるとされる。（奈良国立博物館蔵）

本尊と相対するように、僧尼《そうに》のみが堕ちるという地獄が描かれた地獄屏風《びょうぶ》が立てられたのである。

この屏風は辟邪《へきじゃ》の功徳のために立てられたもので、貴族たちは恐ろしい地獄絵を背にしながら、一心不乱に仏の名を称え、一年間の罪業《ざいごう》の消滅を願った。これもひとえに地獄に堕ちずに極楽往生したいがためであった。

●文学や歌にも登場した地獄屏風

仏名会で使用された地獄屏風は、六曲《ろくまがり》屏風が七隻《せき》、幅十メートルにも及ぶものであったと推測される。

宮中はもとより諸寺も含めて現存する地獄屏風はないが、戒律を守るべき僧で罪を犯した者が堕ちる沙門《しゃもん》地獄の断簡《だんかん》が残されており、その様相の一部分をうかがい知ることができる。

いつから地獄屏風が置かれるようになったかは定かではないが、寛平《かんぴょう》二年（八九〇）に撰述された『蔵人式《くろうどしき》』にその名が見えることから、すでにこの頃には用いられていたことがわかる。

平安・鎌倉時代の地獄絵の図様

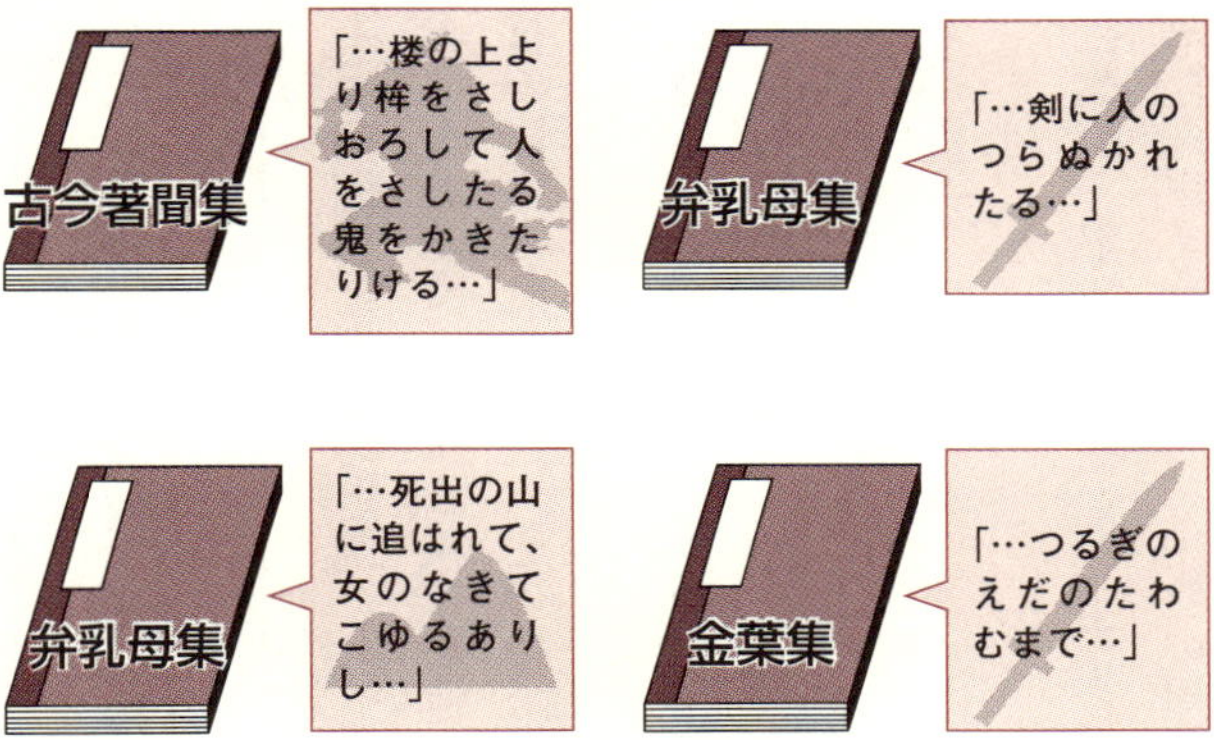
古今著聞集
「…楼の上より桙をさしおろして人をさしたる鬼をかきたりける…」
弁乳母集
「…剣に人のつらぬかれたる…」
弁乳母集
「…死出の山に追はれて、女のなきてこゆるありし…」
金葉集
「…つるぎのえだのたわむまで…」

『往生要集』の成立で地獄の世界が具体化されたことにより、さまざまな書物でも地獄の描写がなされるようになった。

一方、清少《せいしょう》納言《なごん》の随筆『枕草子《まくらのそうし》』にも地獄屏風が登場する。仏名会の次の日、天皇が中宮《ちゅうぐう》に見せようと地獄屏風を持ちこんだときのこと。その気味の悪さはこの上なく、中宮が自分に「これをぜひ見よ」と命じるも、直視することができず、やがては部屋に隠れ臥《ふ》してしまったと記される。

また、和泉式部《いずみしきぶ》は、『金葉集《きんようしゅう》』に「あさましや　つるぎのえだのたわむまで　いかなるつみのなれるなるらん」という歌を残している。

この歌は、衆合《しゅごう》地獄で罪人が刀葉《とうよう》の木に登り、葉で肉が切り裂かれる姿を詠んでいると思われ、すでに現存しない地獄屏風の一端を伝えている。

極楽の具現化

浄土世界を再現した寺院建築の出現

●浄土を再現した寺院の出現

源信の著わした『往生要集』の流布《るふ》に加え、末法《まっぽう》の時代が訪れると、極楽往生を願う浄土信仰が隆盛をきわめた。その中で、極楽浄土の様相を絵画や彫像、建築などで表わす動きが盛んとなる。

その背景にあったのが、生前の善行がもたらす功徳により、極楽往生することができるとする思想である。

そのため、平安貴族たちは自らの富を奉じ、こぞって仏像、仏画、経典、仏事などの制作に従事した。

たとえば、永承《えいしょう》七年（一〇五二）、時の関白藤原頼通《かんぱくふじわらのよりみち》は父道長《みちなが》から与えられた別荘を寺院に改め、平等院鳳凰堂《びょうどういんほうおうどう》を建立した。本尊は阿弥陀如来《あみだにょらい》である。

平等院鳳凰堂を見ると、中堂の屋根には浄土の象徴である鳳凰が一対飾られており、左

平等院鳳凰堂の構造

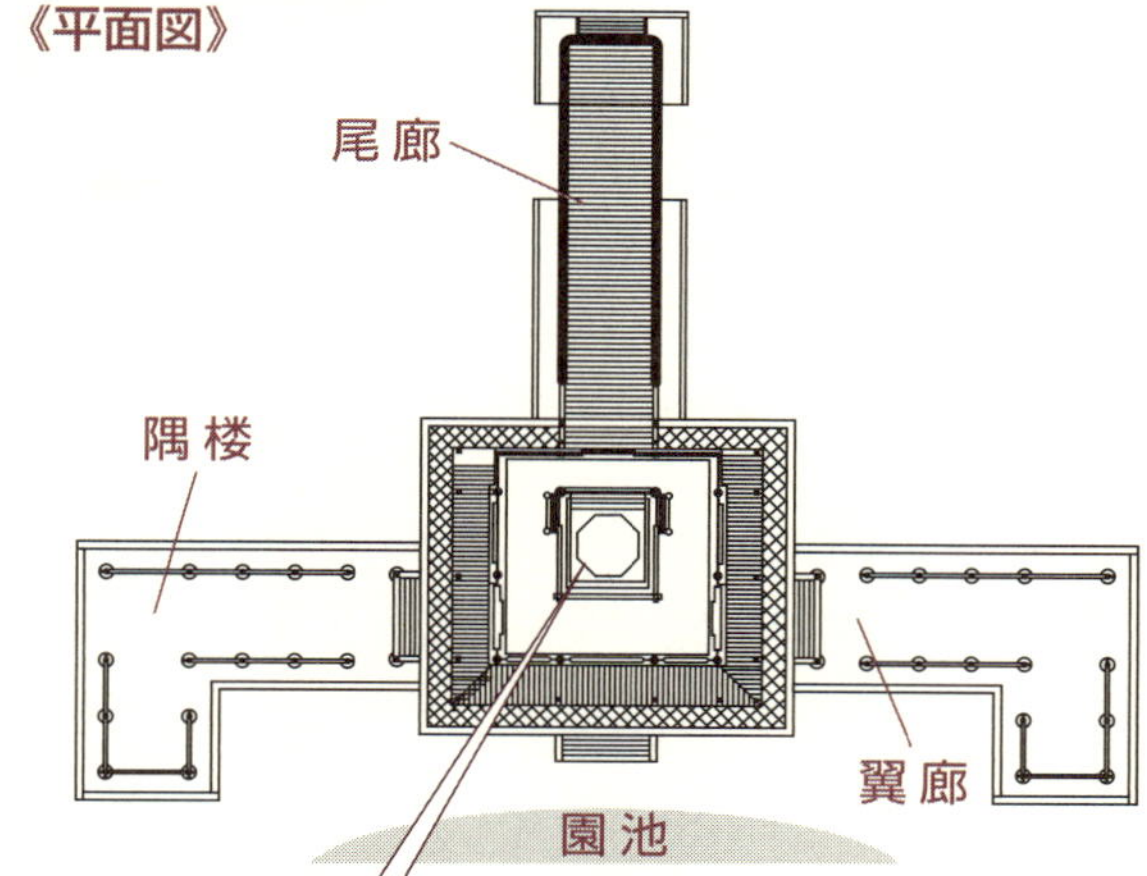
《平面図》
尾 廊
隅 楼
翼 廊
園 池

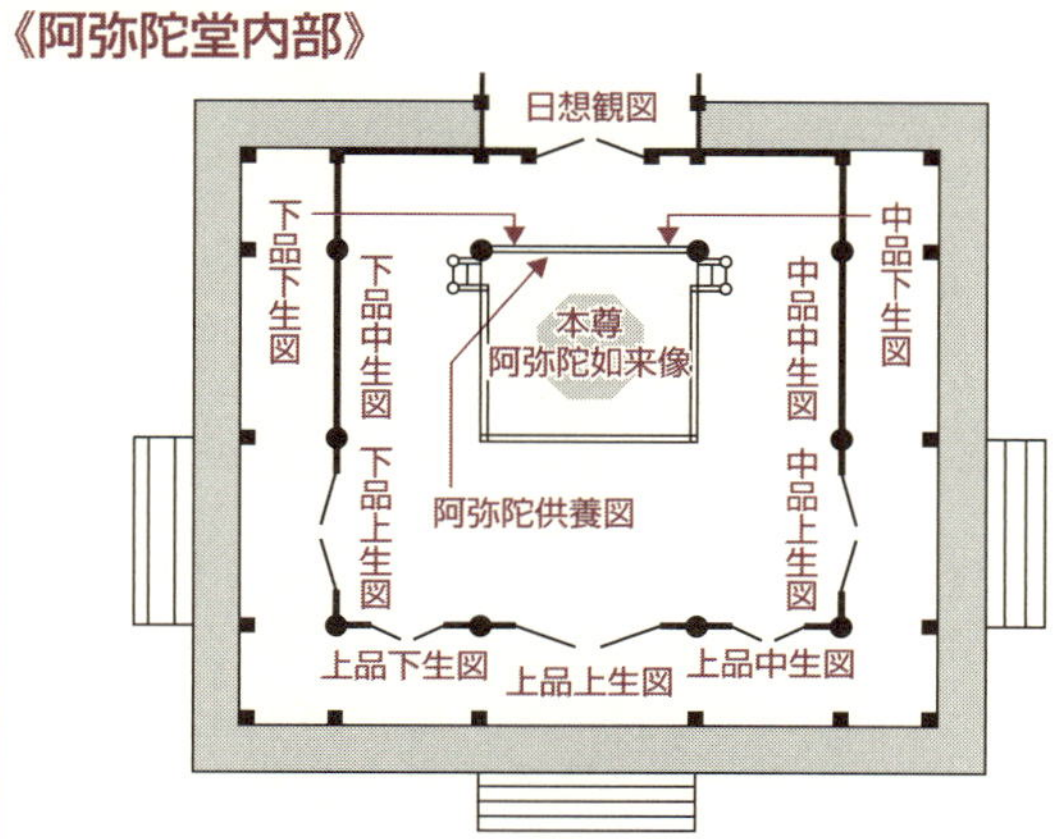
《阿弥陀堂内部》
日想観図
下品下生図
下品中生図
下品上生図
中品下生図
中品中生図
中品上生図
本尊
阿弥陀如来像
阿弥陀供養図
上品下生図
上品上生図
上品中生図

本尊である阿弥陀如来像の周囲には、『観無量寿経』による阿弥陀如来の来迎の諸相を描いた上品図、中品図、下品図が配されている。また西側の扉には、阿弥陀如来や浄土を観想するための日想観図が描かれている。

右には楼閣《ろうかく》をそなえ、それぞれが中堂と廻廊《かいろう》で結ばれている。前面には園池《えんち》が広がり、まさに阿弥陀浄土図に描かれた極楽浄土を現出したものとなっている。

実際、十二世紀前半に成立した『後拾遺往生伝《ごしゅういおうじょうでん》』には、「極楽の情景を見たければ宇治の御堂《みどう》（平等院）に参詣するとよい」と記されており、当時の人々が平等院をこの世の極楽であると考えていたことがわかる。

そしてこれ以降、極楽を再現すべく、多くの寺院が平安貴族の手により建立されることになった。

天治《てんじ》元年（一一二四）に奥州《おうしゅう》藤原氏が平泉《ひらいずみ》に建立した中尊寺金色堂《ちゅうそんじこんじきどう》は、内外ともに総金箔張《きんぱく》りで、この世のものとは思えないきらびやかな極楽の世界を黄金で表現したところに特徴がある。

●造仏作善の功徳

一方、経典にも、贅《ぜい》を尽くした豪華な装飾が施されることになる。

その代表といえるのが、長寛《ちょうかん》二年（一一六四）に平清盛《たいらのきよもり》が平家一門の繁栄を祈願《きがん》して作った『平家納経《へいけのうきょう》』である。

平安時代に極楽を模して作られた主な浄土寺院

寺院名	建立年	事　項
浄瑠璃寺	1047年	本堂には９体の阿弥陀如来像が安置されている。これは、『観無量寿経』に説かれる九品往生の思想による。
法界寺	1051年	当初は薬師如来を本尊としていたが、浄土信仰の高まりに伴い、阿弥陀堂が建立されるに至る。
平等院鳳凰堂	1052年	藤原頼通が父道長から譲られた別荘を仏寺としたもの。極楽浄土を模した寺院の先駆けとなった。
中尊寺金色堂	1124年	奥州藤原氏初代清衡が造営。金色堂には阿弥陀三尊像が祀られ、内部はすべて金で覆われている。
毛越寺	12世紀半ば	奥州藤原氏２代基衡が創建。建築物の前に園池が広がる浄土式庭園を持つ様式となった。

巻物の見返し部分には若い女性が阿弥陀如来の放つ光に包まれ、蓮《はす》の花や金銀に囲まれたきらびやかな情景が描かれ、まさに極楽を体現しているかのようだ。

本紙の経文にも金が使用され、また罫線《けいせん》も金箔や銀箔で装飾されるといった豪華なものとなっている。

当時の貴族の間では、写経《しゃきょう》を行なうのみならず、それに加えて美しい装飾を施すことで、さらなる功徳を得ることができると考えられていた。

このように、平安貴族は自分たちの財の限りを尽くして造仏作善《ぞうぶつさぜん》に励むことで、何とか極楽浄土に往生することができるよう願ったのである。

第四章
日本人の地獄と極楽

鎌倉仏教の往生論

浄土教各祖師の浄土観と念仏

●専修念仏を称えた法然

平安時代の往生論は、正直や慈悲などといった人間的条件を具《そな》え、功徳や修行を積み、戒律を正しく守った者が往生できるという善人正機《しょうき》説が主流であった。ところが、鎌倉時代になると、それは大きな変化を遂げた。

浄土宗の開祖である法然《ほうねん》は、阿弥陀如来の力を信じ、「南無阿弥陀仏《なむあみだぶつ》」と口で称えさえすれば、ほかの修行をする必要はなく、たとえ悪人であろうと往生できると説いた。『往生要集』には、臨終の際に念仏を称えるよう記されているが、これは阿弥陀如来の姿や極楽浄土の様子を心に描きながら行なうものだった（観想念仏）。しかし一般庶民がこのような精神統一を要する念仏を行なうことはできるはずがなく、ましてや功徳を積むために仏像を作り寺院を建立するような財産や修行を積む時間、知恵もなく、戒律を守ることも不可能だった。そこで法然は、『選択本願念仏集《せんちゃくほんがんねんぶつしゅう》』のなかで次のように説いた。

鎌倉新仏教の特徴

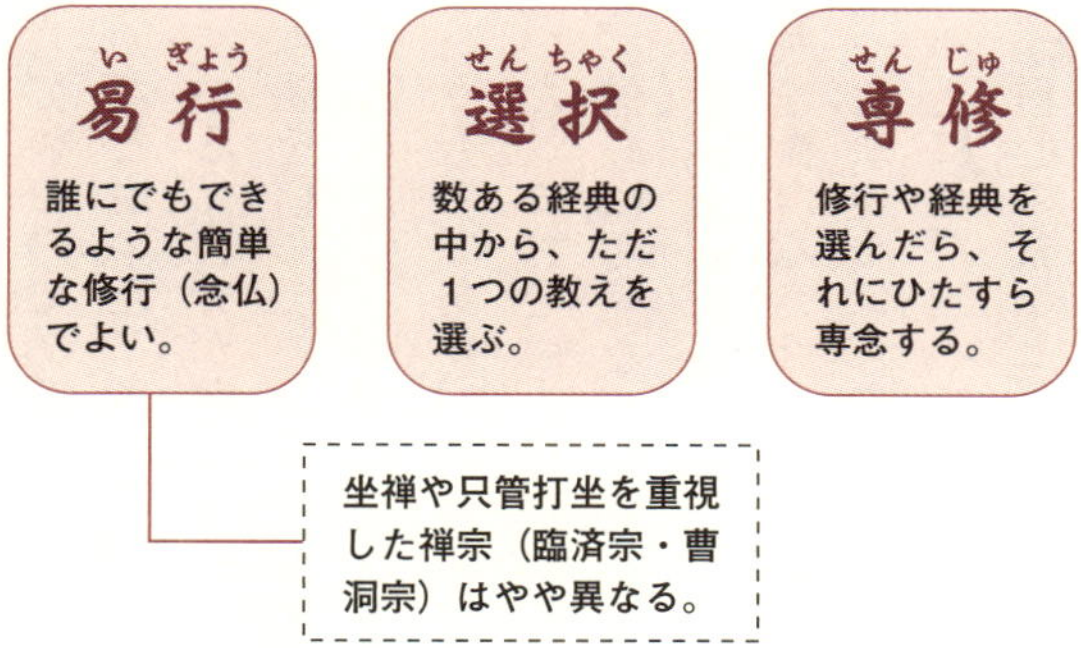
易行《いぎょう》
誰にでもできるような簡単な修行（念仏）でよい。
選択《せんちゃく》
数ある経典の中から、ただ１つの教えを選ぶ。
専修《せんじゅ》
修行や経典を選んだら、それにひたすら専念する。
坐禅や只管打坐を重視した禅宗（臨済宗・曹洞宗）はやや異なる。

学問的知識や厳しい修行が求められた平安時代の仏教に対し、鎌倉時代に成立した新仏教は、「易行・選択・専修」を打ち出すことで、新興の武士層や庶民層に浸透していった。

念仏以外の修行は難しく、大多数の人が実践することはできない。ゆえに阿弥陀如来は第十八願ですべての衆生を平等に往生させるために易行《いぎょう》である念仏の行を選び取った。ただ「南無阿弥陀仏」と念仏を称えることが阿弥陀如来の本願にかなうことであり、極楽往生のための条件である、と。こうして従来の往生論とは隔絶された平等的往生論が唱えられた。

悪人正機説の親鸞と踊念仏の一遍

法然のこの立場をさらに発展させたのが、法然の弟子で浄土真宗の開祖親鸞《しんらん》である。親鸞は、念仏よりも阿弥陀如来の救済を信じる心を重要視した。つまり阿弥陀如来の力で往生を遂げることができると信じ、念仏を称えようと思う心が起こるとき、すでに極楽往生は確定しているのである。そのため、念仏は救ってくれる阿弥陀如来への感謝のために称えるものだと説いた。さらに親鸞は、悪人こそ阿弥陀如来の本願にかない、極楽往生できるとしている。自分が善行を積めば往生できるとしている善人は、万人救済を願う阿弥陀如来の本願を信じていない証《あかし》である。一方、善行や功徳を積めない悪人は自力では往生できないことを悟り、心の底から阿弥陀如来による救いを願う。その信心こそ阿弥陀如来の心にかなうものであり、阿弥陀如来の本願は本来悪人を往生させるために立てたものであると説いた。これを悪人正機説という。

一方、信心に関係なく、無心に念仏を称えれば往生できると説いたのが、踊《おどり》念仏で知られる時宗《じしゅう》の開祖一遍《いっぺん》である。一遍は念仏以外、衣食住への一切の執着を捨て去り、生涯念仏札を配りながら各地を放浪《ほうろう》したと伝えられる。一遍は、阿弥陀如来は本願を立てて仏になったがゆえに、信・不信に関係なく衆生が救われることはすでに決まっていると考えた。ゆえにただ無心に「南無阿弥陀仏」の名号さえ称えれば往生できると説いた。これは法然が信心の表出として念仏を称える努力を重視し、親鸞が阿弥陀如来への信心を説いたのとは異なり、ひたすら実践のみを説いたところに特徴がある。

浄土教各祖師の往生観

浄土宗

法 然
（1133－1212年）

- 「南無阿弥陀仏」を称える（称名念仏）だけで誰でも往生できる。
- ただひたすらに念仏に専心すること（専修念仏）が大切である。

浄土真宗

親 鸞
（1173－1262年）

- 仏を信じる心が起きて念仏を一度称えただけ（一念発起）でも、その瞬間に往生が約束される。
- 念仏は往生のための修行でなく、阿弥陀如来への感謝として行なうものである。
- 末法に生きる凡夫こそ、阿弥陀如来の主要な救済対象となる（悪人正機）。

時 宗

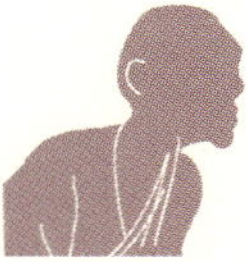

一 遍
（1239－1289年）

- 身分の上下、善人・悪人の区別、さらには信心の有無さえ関係なく、すべての人は念仏を一度称えただけで往生が約束される。

葬式仏教の発展

庶民の心に地獄の恐ろしさを植えつけた説法

●葬式仏教の成立

日本人に地獄と極楽という観念が広まったのは、源信《げんしん》の『往生要集』や、それをもとに作られた浄土美術の影響が強い。そしてそれを確固たるものとしたのが、葬式仏教の成立と、それに伴って行なわれた僧侶の説法である。

現在では、人が亡くなると葬式を執り行ない、死者を弔《とむら》うというやり方が一般的となっているが、その起源は、『往生要集』を儀礼化した二十五三昧講《にじゅうござんまいこう》にあると考えられている。

平安時代、源信を中心に結成された二十五三昧会という念仏結社《けっしゃ》があった。もし仲間の誰かが病にかかれば皆で看病し、病が重くなれば往生院という建物に移し、その者が極楽往生できるよう全員で念仏を称えたという。そしてこれがもととなり、各地に二十五三昧講が作られるに至った。

もちろんそれ以前にも仏葬は行なわれていたが、それは上層階級の者に限られた話であ

中世における僧と庶民の関係

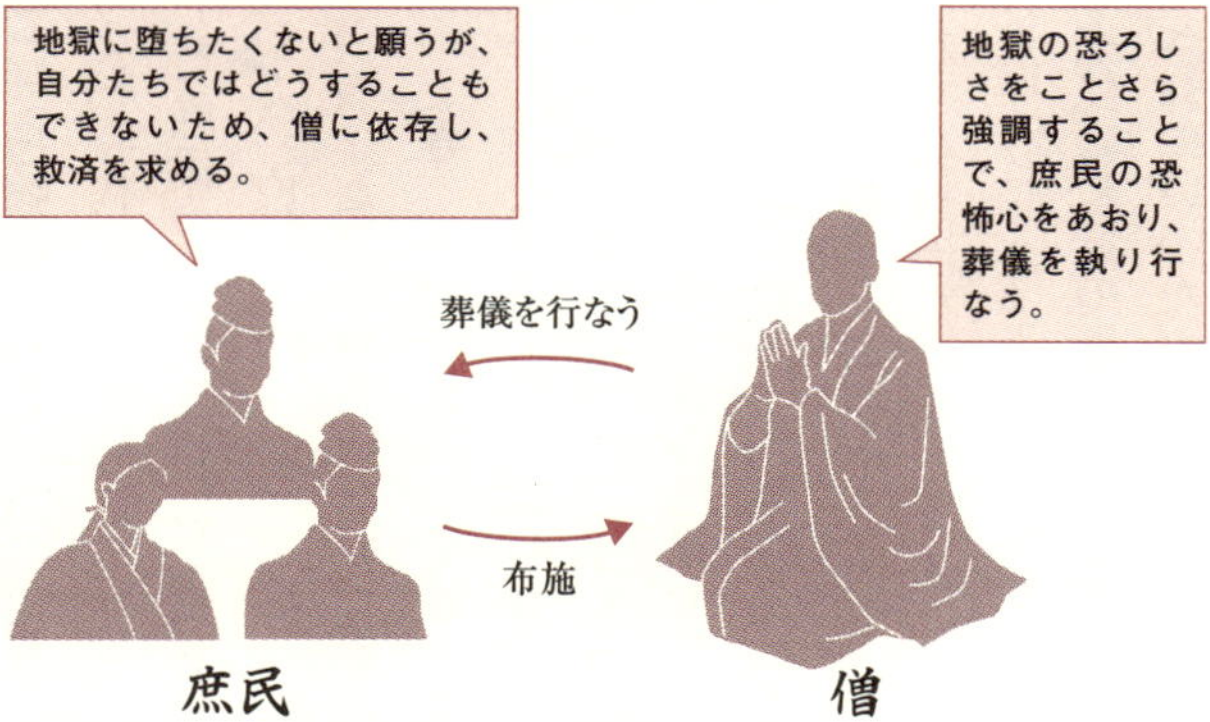
地獄に堕ちたくないと願うが、自分たちではどうすることもできないため、僧に依存し、救済を求める。
地獄の恐ろしさをことさら強調することで、庶民の恐怖心をあおり、葬儀を執り行なう。
葬儀を行なう
布施
庶民
僧

中世、僧は葬儀を通じて庶民とつながりを持つようになった。その際、僧は葬儀が必要であることを示すため、地獄の恐ろしさを喧伝していった。

り、一般庶民の亡きがらは各地に定められた風葬《ふうそう》の地に運ばれ、野ざらしにされた。河川敷や山中、海浜などの荒れ地がそれにあてられていたようである。しかし度重なる疫病の流行が神や御霊《ごりょう》の祟《たた》りによるものと考えられるようになり、阿弥陀聖《ひじり》たちが遺棄《いき》された遺体に念仏を称え、鎮魂する儀式を行なうようになった。このことも、葬式仏教が成立するに至った一因となっているだろう。

そして鎌倉時代、浄土教の隆盛に伴い、二十五三昧講を素地とした、臨終念仏、臨終の際の儀礼が重視された庶民の仏教的葬式の基本形が作り上げられたのである。また、岩を加工して作られた石塔の下に骨壺《こつつぼ》を納めるといった風習も出来上がった。

●ことさら強調された地獄の世界

南北朝時代から室町時代にかけて、仏教は一般庶民にも広く根付くようになり、それに伴《ともな》って庶民の間に葬式仏教が定着化していった。具体的には、仏教の各派は葬送儀礼を核として、庶民とつながっていったのである。庶民は葬儀の供養を行なってもらう代わりに、金銭などの布施《ふせ》を行ない、寺院を支えた。

このとき、各派の僧侶は葬儀の必要性を説くために、ことさら地獄の恐ろしさと極楽の素晴らしさを強調した。地獄が恐ろしければ恐ろしいほど都合がよく、さまざまな地獄の様相が喧伝《けんでん》されていったのである。

当然、自らの手で助かる術を持たない民衆は震え上がり、地獄ではなく、極楽往生を願うようになる。そこへ僧侶がそのための手段として、生前の作善と死後の追善《ついぜん》の必要性を説いたため、ここに死後の世界の概念が確立したといえる。たとえば、十王《じゅうおう》信仰と結び付いた十仏事《じゅうぶつじ》が挙げられる。

江戸時代に入ると、十王図をはじめとするさまざまな地獄絵の絵解きが行なわれ、ここでも庶民に地獄の恐ろしさが強調された。平安時代にはなかった、新しい地獄の世界が生み出されていったのである。

『十王図』閻魔王幅

江戸時代、『十王図』をはじめ仏画の絵解きが盛んに行なわれるようになり、視覚的に庶民に地獄の恐ろしさが伝えられていった。
（浄福寺蔵／京都国立博物館提供）

熊野観心十界絵図

現代へと通じる地獄観の成立

新たな地獄観を創出

十七世紀初頭頃に成立した『熊野観心十界絵図《くまのかんじんじっかいえず》』は、極楽と地獄の世界を庶民にも分かりやすいように解説していたため、江戸時代に人気を博した。

図の上部には、天道や人道、そして四聖が配され、その下に地獄道を中心として餓鬼道、畜生道、阿修羅道が描かれている。絵図全体では生から死に至る推移と、霊魂の行方が図示化されているが、その中でもとくに地獄巡りが強調されている。

この絵図の何よりもの特徴は、『往生要集』では説かれていない新しい地獄観が創出されたところにある。具体的にいえば、不産女《うまずめ》地獄、両婦《ふため》地獄、血《ち》の池《いけ》地獄、賽《さい》の河原《かわら》である。不産女地獄は子供を産まなかった女性が堕ちる地獄で、両婦地獄は女性の嫉妬を戒める地獄である。血の池地獄、賽の河原については前述の通りである。

これらの地獄は、いずれも女性に関連するという共通点を持つ。

熊野観心十界絵図

両婦地獄。16世紀に成立した新たな地獄観の1つで、嫉妬に狂った女性が、鬼や蛇の形と化して描かれている。

江戸時代に成立した『熊野観心十界絵図』。画面上部には人生を坂にたとえた「老いの坂」、画面右下には女性が堕ちる「血の池地獄」が描かれている。そのほか画面中央に描かれた「賽の河原」やその左上に描かれた「不産女地獄」など新しい地獄の世界が描かれているところに特徴がある。（兵庫県立歴史博物館蔵）

江戸時代、庶民の間で家を継ぐという意識が生まれた。家を相続させるには子供が何よりも重要であり、そのため子供を大事にするという願いがこれらの地獄に込められているのだといえる。こうして生み出された地獄観が、現代へと受け継がれていった。また、人の一生を山登りにたとえた老いの坂、その下に記された「心」の文字、地獄の鳥居《とりい》の下で串刺しにされている母を見て泣いている目連《もくれん》と、目連が母を救う方法を釈迦に教えられる盂蘭盆会《うらぼんえ》の起源となる描写も、『往生要集』にはない独自のものである。

●各地で地獄を説いた絵解き

この絵図が庶民の間で広く知れ渡ることになったのは、熊野比丘尼《びくに》と呼ばれる熊野信仰を唱道するため諸国を行脚《あんぎゃ》した女性宗教家たちの存在が大きかった。彼女たちはもともと熊野山内の寺の修復などの費用を調達する勧進《かんじん》を目的としていたため勧進比丘尼とも、あるいは歌念仏も用いたことから歌比丘尼とも呼ばれた。

彼女たちは日本各地を渡り歩き、勧進と配札《はいさつ》を行なう中で、『熊野観心十界絵図』を広げ、地獄や極楽について絵解きを行ない、熊野参詣《さんけい》を促したのである。その活動範囲は、この曼荼羅《まんだら》が北海道と九州を除く全国各地から発見されていることからみても、かなりの広い

こらむ・地獄秘話

不産女地獄と両婦地獄

女性特有の地獄に不産女地獄がある。子供を産まなかった、産めなかった女性が堕ちるとされる。その源流は不明だが、罪人は繁栄のシンボルである竹を灯心《とうしん》で掘ることを科せられ、両手の指から血が滲《にじ》む様子が、『熊野観心十界絵図』に描かれる。古代の日本社会において、子供を産まない女性は無益の存在とされ、家や社会からも疎外、排除されていたという価値観を見ることができる。

また両婦地獄は、正妻と妾《めかけ》、そして両者を持つ男が堕ちる地獄である。正妻と妾が愛欲に溺れたり、互いを嫉妬することなどが罪とされた。その戒めとして、嫉妬に狂った女が鬼や蛇に変身するという話が多く残る。

地域に及んでいたことが分かる。死の穢れや女性を忌避《きひ》する山岳霊場が多い中で、熊野が女性を忌避していないことも、この絵図に女性にまつわる地獄が多く描かれた理由といえるだろう。

江戸時代に描かれた『往生要集絵』に、『往生要集』では扱っていない不産女地獄、両婦地獄、血の池地獄、賽の河原が描かれているところをみると、いかに『熊野観心十界絵図』が当時の人々の心を捉えたかを見て取ることができる。

しかし明治時代に入ると、絵解きは禁じられるようになった。また葬儀後の法要も簡略化されるようになり、地獄、極楽への思いが徐々に薄れていくことになったのである。

【参考文献】

※左記書籍等を参考にさせていただきました。

『人物叢書 源信 新装版』『地獄と極楽 「往生要集」と貴族社会』速水侑、『日本名僧論集 第4巻 源信』大隅和雄 速水侑編（以上、吉川弘文館）／『往生要集1 日本浄土教の夜明け』『往生要集2 日本浄土教の夜明け』源信著・石田瑞麿訳、『葬式仏教の誕生 中世の仏教革命』松尾剛次、『別冊太陽 地獄百景』（以上、平凡社）／『往生要集 地獄のすがた・念仏の系譜』石上善応、『庶民のほとけ 観音・地蔵・不動』頼富本宏、『日本史にみる地獄と極楽』笠原一男、『仏像 心とかたち』『仏像 続 心とかたち』望月信成ほか、『あの世と日本人』梅原猛（以上、日本放送出版協会）／『近世往生伝の世界』笠原一男、『生きざま死にざま 日本民衆信仰史』笠原一男 小栗純子（以上、教育社）／『源信 往生極楽の教行は濁世末代の目足』小原仁（ミネルヴァ書房）／『現代語訳大乗仏典4 浄土経典』中村元（東京書籍）／『現代人の宗教 2 源信・法然・道元』丸山照雄編（御茶の水書房）／『浄土の美術』内田啓一 監修（東京美術）／『図説日本仏教の世界 5 地獄と極楽』金岡秀友ほか、『図説日本仏教の世界8 観音・地蔵・不動』上原昭一 ほか、『梅原猛著作集4 地獄の思想』梅原猛（以上、集英社）／『地獄』石田瑞麿（法蔵館）／『地獄の話』山辺習学、『ヒンドゥー教 インドという謎』山下博司（以上、講談社）／『イスラーム教を知る事典』渥美堅持（東京堂出版）／『阿弥陀如来』『地蔵菩薩』望月信成（学生社）／『往生要集 古典を読む』中村元（岩波書店）／『葬式仏教』圭室諦成、『地獄とは何か』大法輪閣編集部編（以上、大法輪閣）／『地獄 極楽の絵』真保亨 金子桂三（毎日新聞社）／『地獄めぐり』川村邦光（筑摩書房）／『地獄絵 ビジュアル選書』新人物往来社編（新人物往来社）／『地獄変 中国の冥界説 修訂』沢田瑞穂（平河出版社）／『東洋における死の思想』吉原浩人編（春秋社）／『道教の経典を読む』増尾伸一郎 丸山宏編（大修館書店）／『日本の絵巻7 餓鬼草紙 地獄草紙 病草紙 九相詩絵巻』小松茂美編（中央公論新社）／『日本の地獄絵』宮次男（芳賀書店）／『日本人の地獄と極楽』五来重（人文書院）／『法然親鸞一遍』釈徹宗（新潮社）／『民衆宗教史叢書10 地蔵信仰』桜井徳太郎編、『民衆宗教史叢書11 阿弥陀信仰』伊藤唯真編（以上、雄山閣）

青春新書 INTELLIGENCE

こころ涌き立つ「知」の冒険

いまを生きる

〝青春新書〟は昭和三一年に――若い日に常にあなたの心の友として、その糧となり実になる多様な知恵が、生きる指標として勇気と力になり、すぐに役立つ――をモットーに創刊された。

そして昭和三八年、新しい時代の気運の中で、新書〝プレイブックス〟にその役目のバトンを渡した。「人生を自由自在に活動《プレイ》する」のキャッチコピーのもと――すべてのうっ積を吹きとばし、自由闊達な活動力を培養し、勇気と自信を生み出す最も楽しいシリーズ――となった。

いまや、私たちはバブル経済崩壊後の混沌とした価値観のただ中にいる。その価値観は常に未曾有の変貌を見せ、社会は少子高齢化し、地球規模の環境問題等は解決の兆しを見せない。私たちはあらゆる不安と懐疑に対峙している。

本シリーズ〝青春新書インテリジェンス〟はまさに、この時代の欲求によってプレイブックスから分化・刊行された。それは即ち、「心の中に自らの青春の輝きを失わない旺盛な知力、活力への欲求」に他ならない。応えるべきキャッチコピーは「こころ涌き立つ〝知〟の冒険」である。

予測のつかない時代にあって、一人ひとりの足元を照らし出すシリーズでありたいと願う。青春出版社は本年創業五〇周年を迎えた。これはひとえに長年に亘る多くの読者の熱いご支持の賜物である。社員一同深く感謝し、より一層世の中に希望と勇気の明るい光を放つ書籍を出版すべく、鋭意志すものである。

平成一七年　　刊行者　小澤源太郎

監修者紹介

速水 侑（はやみ たすく）

1936年北海道生まれ。北海道大学文学部卒業、同大学院文学研究科博士課程単位取得。北海道大学助手・東海大学教授を経て、東海大学名誉教授。専攻は日本仏教史。おもな著書・編著に『地獄と極楽』『民衆の導者 行基』『平安仏教と末法思想』『奈良・平安仏教の展開』（以上、吉川弘文館）、『観音信仰』『地蔵信仰』（塙書房）、『観音信仰事典』（戎光祥出版）、『観音・地蔵・不動』（講談社）など多数。

図説《ずせつ》 生《い》き方《かた》を洗《あら》いなおす！
地獄《じごく》と極楽《ごくらく》

青春新書 INTELLIGENCE

2013年 3 月15日 第 1 刷

監修者 速《はや》 水《み》 侑《たすく》

発行者 小 澤 源 太 郎

責任編集 株式会社プライム涌光

電話 編集部 03（3203）2850

発行所 東京都新宿区若松町12番1号 〒162-0056 株式会社青春出版社

電話 営業部 03（3207）1916 振替番号 00190-7-98602

印刷・共同印刷 製本・ナショナル製本

ISBN978-4-413-04391-5